SO SCHMECKT'S!

Marion Kiesewetter · Kathrin Kiesewetter
Fotos von René Kühl

SO SCHMECKT'S!

Sturmerprobte Familienrezepte

BOYENS

BOYENS
BUCHVERLAG

ISBN 978-3-8042-1502-3

Autoren: Marion Kiesewetter, Kathrin Kiesewetter
Redaktion: Marion Kiesewetter, Kathrin Kiesewetter
Fotos: René Kühl
Foodstyling: Kathrin Kiesewetter, René Kühl
Herstellung: Boyens Buchverlag
Herstellungsbetreuung: Heidrun Bielert
Gestaltung: Dörte Kromrei
Druck: Neografia
Printed in EU

www.boyens-buchverlag.de

INHALT

LIEBE LESERINNEN, LIEBE LESER!

In diesem zweiten gemeinsamen Buch präsentieren wir vier weitere Kapitel aus unserer ganz persönlichen Familien-Kochkladde.
Das Besondere daran? Wir beide kommen aus unterschiedlichen Generationen und bringen deshalb in jedes Rezept verschiedene Erfahrungen, Einflüsse und Ideen mit ein. So gibt es Altbewährtes, Sturmerprobtes, Neuerfundenes und Modernisiertes.
Es ist unmöglich, die leckeren Rezepte von der Schönheit der Fotografien zu trennen.
Der Food-Fotograf René Kühl fängt in seinen Fotos die Speisen besonders gut und liebevoll ein und arrangiert die köstlichen Zutaten so wunderbar, dass einem schon beim Ansehen das Wasser im Munde zusammenläuft.

Wir wünschen Ihnen viel Spaß mit unseren Familienrezepten und hoffen, Sie haben Lust bekommen, den Kochlöffel zu schwingen.
Es ist wundervoll, mit seinen Lieben Zeit zu verbringen und gemeinsam in geselliger Runde gutes Essen zu genießen.

IHRE MARION UND KATHRIN KIESEWETTER

Wünsch Dir was

Wünsch Dir was

Das beste Geschenk ist, wenn die ganze Familie und Freunde zusammenkommen und bei liebevoll zubereiteten Köstlichkeiten gemeinsame Stunden verbringen. Gerne wird der Wunsch nach dem Lieblingsrezept erfüllt, ob Königsberger Klopse, Rinderschmorbraten oder Lasagne.
Nichts vermittelt einem mehr Heimatgefühl, als eine Leibspeise, die man so nur zuhause in der Familie kocht.
Es gibt Gerichte, die tun einfach Leib und Seele richtig gut.

ROASTBEEF RÜCKWÄRTS

Wer sich bisher nicht an ein Roastbeef getraut hat, kann mit dieser gelingsicheren Methode glänzen. Unverzichtbar ist lediglich ein Bratenthermometer, um die Kerntemperatur zu kontrollieren.

4 PERSONEN

1 kg Roastbeef

Salz/Pfeffer

2 Knoblauchzehen

4 Zweige Thymian

2 Zweige Rosmarin

2 EL Sonnenblumenöl

Das Fleisch zwei Stunden vor der Zubereitung aus dem Kühlschrank nehmen, auf Zimmertemperatur bringen und säubern, salzen und pfeffern. Knoblauch in Scheiben schneiden und zusammen mit dem Thymian und Rosmarin auf dem Fleisch verteilen. Bratenthermometer mittig im Fleisch positionieren.

Im vorgeheizten Backofen bei 80 °C ruhen lassen, bis eine Kerntemperatur von 55 °C erreicht ist. Anschließend in einer Pfanne im heißen Öl rundherum scharf anbraten.

Wer aus dem Fleisch Steaks braten möchte, nimmt das Fleisch bei 52 °C Kerntemperatur aus dem Ofen und brät oder grillt es bei höchstmöglicher Temperatur zweimal auf jeder Seite für ca. 45 Sekunden. Die Steaks sollten mindestens 3–4 cm dick sein.

REMOULADE

2 Eigelb

1 EL Zucker

1 EL Essig

1 EL Senf

300 ml Sonnenblumenöl

1 TL Salz

2 Gewürzgurken

½ kleine Zwiebel

1 EL Petersilie, gehackt

1 TL Estragon, gehackt

1 TL Dill, gehackt

2 EL Joghurt

2 EL Crème fraîche

Eigelb, Zucker, Essig und Senf mit dem Stabmixer in einem hohen Gefäß ca. 3–5 Minuten schlagen, bis eine dickliche Masse entstanden ist. Danach das Öl langsam nach und nach unterrühren. Mit Salz abschmecken. Gewürzgurken und Zwiebel fein hacken und mit den Kräutern unter die Mayonnaise heben. Zum Schluss Joghurt und Crème fraîche unterrühren.

SAUCE HOLLANDAISE

Nur Wenige trauen sich an diesen Klassiker. Er gilt als kompliziert. Nicht aber bei unserer einfachen Variante, die gelingt jedem im Handumdrehen.

4 Eigelb

2 EL Zitronensaft

1 TL Zucker

2 EL Crème fraîche (Zimmertemperatur)

300 g Butter

Salz/Pfeffer

Eigelb, Zitronensaft, Zucker und Crème fraîche in ein hohes Gefäß geben und mit einem Stabmixer zu einer homogenen Masse pürieren. Butter bis kurz vor dem Siedepunkt erhitzen und bei laufendem Stabmixer nach und nach langsam dazu laufen lassen. Danach nicht mehr erhitzen. Mit Salz und Pfeffer abschmecken.

TIPP:
Für eine Sauce Béarnaise jeweils 2 TL Senf und getrockneten Estragon zum Eigelb geben.

Baharat ist eine Gewürzmischung. Wie Curry hat sie keine festgelegte Zusammensetzung. Die Hauptbestandteile sind Pfeffer, Pfefferschoten, Koriander, Nelken, Cumin (Kreuzkümmel), Kardamom, Muskatnuss und Zimt.
Sehr lecker ist eine Prise davon im Kaffee.

ROTWEINREDUKTION

Zu kurzgebratenem oder mit Niedrigtemperatur gegartem Fleisch passt diese schmackhafte Sauce sehr gut. Den Fond wählt man nach der Fleischsorte aus.

1 mittelgroße Zwiebel, fein gehackt

1 EL Butter

1 TL brauner Zucker

4 EL Cognac

4 EL Preiselbeeren aus dem Glas

400 ml trockener Rotwein

300 ml Fond nach Geschmack (z.B. Gemüse-, Rinder- oder Lammfond)

20 g Tomatenmark

½ Bund Petersilie, gehackt

1 Zweig Rosmarin

1 Knoblauchzehe, gepresst

¼ mittelscharfe Chilischote

Salz/Pfeffer

½ TL Baharat

Zwiebel in Butter anschwitzen. Zucker und Cognac dazugeben und karamellisieren lassen. Preiselbeeren dazugeben und mit der Hälfte des Rotweins und dem Fond auffüllen. Bei mittlerer Hitze auf ca. die Hälfte reduzieren. Anschließend mit dem Stabmixer fein pürieren. Mit dem restlichen Rotwein auffüllen. Tomatenmark einrühren. Petersilie, Rosmarin, Knoblauch, Chili und Pfeffer dazugeben und nochmals bei schwacher Hitze einkochen lassen.
Ist die gewünschte Konsistenz erreicht, wird die Reduktion durch ein feines Sieb gegossen. Mit Salz und Baharat abschmecken.

GEFÜLLTE PAPRIKASCHOTEN

Lassen Sie sich nicht von der langen Zutatenliste abschrecken. Dieses Paprikagericht geht schnell von der Hand. Die exotischen Gewürze bekommt man in fast jedem Supermarkt und es lohnt sich, Cumin (Kreuzkümmel) und Kurkuma (Gelbwurz) immer im Hause zu haben.

4 PERSONEN

170 g Reis

70 g Rosinen

1 geh. TL Kurkuma

Olivenöl

400–500 ml Wasser

Salz/Pfeffer

500 g Rinderhack

1 gr. Zwiebel, fein gewürfelt

2 Knoblauchzehen, gepresst

5 Paprikaschoten

Cumin

Paprikapulver, edelsüß

Zimt

Piment

2 Bund glatte Petersilie, gehackt

1 l passierte Tomaten

Zucker

Reis mit den Rosinen und dem Kurkuma in einem Topf mit etwas Olivenöl unter Rühren anbraten, mit Wasser ablöschen, salzen und auf kleiner Flamme köcheln lassen, bis das Wasser verdampft ist. Hack mit der Zwiebel krümelig braten und den Knoblauch hinzugeben. Den Deckel von den Paprikaschoten schneiden und aushöhlen. Reis mit dem Hack vermischen und mit 1,5 TL Cumin, 1 gehäufter TL Paprikapulver, Zimt und einer Messerspitze Piment würzen. Petersilie dazugeben und die Paprikaschoten damit füllen. Die Deckel wieder aufsetzen. Passierte Tomaten mit Salz, Cumin, Paprikapulver, Zimt, Piment, einer Prise Zucker und Pfeffer würzen. Schoten in eine Auflaufform setzen, diese mit der Tomatensauce auffüllen und im vorgeheizten Ofen bei 180 °C ca. 30 Minuten garen.

RÜBENSCHMAUS

Die Steckrübe erlebt eine Renaissance. Lange verpönt hält sie heute Einzug in Sternerestaurants. Bei uns bleibt sie seit jeher ein altbewährter Klassiker in Gesellschaft von Möhren und Kartoffeln als Rübenschmaus.

4 PERSONEN

1 mittelgroße Steckrübe

4 gr. Möhren

8 Kartoffeln

800 ml Gemüsebrühe

1 EL Zucker

frisch gemahlener Pfeffer

1 Prise Meersalz

geriebene Muskatnuss

1 gr. Gemüsezwiebel, in Ringe geschnitten

1 EL Mehl

Fett zum Frittieren

Steckrübe, Möhren und Kartoffeln schälen und in grobe Stücke schneiden. Zusammen mit der Gemüsebrühe zum Kochen bringen. Zucker hinzugeben und 20 Minuten ohne Deckel kochen lassen. Die Flüssigkeit etwas einkochen, um an Geschmack zu gewinnen. Anschließend alles mit einem Kartoffelstampfer klein stampfen und mit Pfeffer, Meersalz und Muskat abschmecken.
Zwiebelringe mit Mehl bestäuben und im Fett frittieren. Anschließend auf Küchenpapier abtropfen lassen und über den Rübenschmaus geben.

SPARGELCREMESUPPE

Jedes Jahr freut man sich aufs Neue auf die Spargelzeit. Das weiße Königsgemüse ist der Inbegriff von Heimat. Die gelingsichere Cremesuppe entfaltet Löffel für Löffel ihr herrliches Aroma.

4 PERSONEN

500 g weißer Spargel

1 TL Salz

1 TL Zucker

60 g Butter

40 g Mehl

Salz/Pfeffer

1 EL trockener Weißwein (alternativ Zitronensaft)

1 Eigelb

4 EL Sahne

Den Spargel schälen und die holzigen Enden abschneiden. Spargelschale und -enden waschen und in gut 1,2 l Wasser ca. 20 Minuten auskochen lassen, dann abgießen und dabei 1 l des Sudes auffangen. Den Sud salzen und zuckern. Die geschälten Spargelstangen in ca. 3 cm lange Stücke schneiden. ¾ der Spargelstücke, nicht die Köpfe, in den Sud geben und ca. 20 Minuten weich kochen. Danach mit einem Stabmixer oder in einem Standmixer gut durchpürieren. 40 g Butter in einem Topf zerlassen und mit dem Mehl verrühren. Den Spargelsud unter Rühren langsam zur Butter-Mehl-Mischung gießen. Die restlichen Spargelköpfe dazugeben und das Ganze bei mittlerer Hitze ohne Deckel 20 Minuten kochen lassen. Danach mit Salz und Pfeffer abschmecken. Weißwein dazugeben und kurz aufkochen lassen. Herd ausschalten. Das Eigelb mit der Sahne verschlagen und die Suppe damit legieren. Danach nicht mehr aufkochen. Restliche Butter hineinrühren.

WESSELBURENER KRAUTAUFLAUF

Ein wahrer Ofenschatz! Bei diesem herzhaften Auflauf mit Ananas-Sauerkraut – ein echtes Traumpaar – Kartoffelpürree und herzhaftem Kasseler wird einem warm ums Herz.

4 PERSONEN

1 Zwiebel, gewürfelt

Sonnenblumenöl

1 kg Weinsauerkraut

Salz/Pfeffer

1 Prise Zucker

1 kl. Dose Ananasstücke (565 g)

2 kg Kartoffeln

1 Schuss Milch

1 Prise Muskat

1 EL Butter

350 g durchwachsener Speck

300 g Kasselerlachs

2 Eier

2 Becher Sahne (á 200 ml)

Zwiebel im heißen Öl goldgelb braten. Sauerkraut hinzugeben und schmoren lassen. Mit Salz, Pfeffer und einer Prise Zucker würzen. Abgetropfte Ananasstücke mit einem Schuss Ananassaft hinzugeben und leicht köcheln lassen.
Kartoffeln schälen, kochen und durch die Kartoffelpresse drücken. Mit Milch zu einem lockeren Kartoffelbrei verrühren. Mit Salz und Muskat würzen und die Butter unterrühren.
Speck fein würfeln und in der Pfanne in wenig Öl knusprig braten. Kasseler in ca. 2 cm große Würfel schneiden, zum Speck geben und kurz schwenken.
Alle Zutaten schichtweise in eine hohe Auflaufform geben. Die Sahne steifschlagen. Eier verquirlen, unter die Sahne heben, mit Salz würzen und über den Auflauf gießen. Im vorgeheizten Backofen bei 180 °C ca. 30 Minuten backen.

GRÜNKOHL
MIT KASSELER UND KOCHWURST

Seit dem 17. Jahrhundert werden an der schleswig-holsteinischen Küste am 21. Februar die Feuer zu Ehren der ausziehenden Seefahrer angezündet. An der Feuerstelle gibt es Punsch und einen Klönschnack, um die Kälte zu vertreiben. Am späteren Abend dann wird eingekehrt zum Grünkohlessen mit allem Drum und Dran.

4 PERSONEN

4 EL Öl

2 Zwiebeln, fein gewürfelt

1,2 kg TK-Grünkohl

500 ml doppelt konzentrierte heiße Fleischbrühe

4 Würste (z. B. Mettenden)

250 g geräucherter Speck am Stück

4 Kasseler Koteletts am Stück (kann man beim Schlachter schon aus dem Knochen lösen lassen. Knochen mitnehmen.)

Sojasauce

frisch gemahlener Pfeffer

1 EL mittelscharfer Senf

zarte Haferflocken

Öl in einem Topf erhitzen und die Zwiebeln darin anschwitzen. Grünkohl dazugeben und mit der Brühe aufgießen. Topf schließen und den Kohl bei geringer Hitze ca. ½ Stunde auftauen.
Mettenden mit einer Gabel mehrfach anpieksen und mit dem Speck und den Kasselerknochen zum Grünkohl geben. Topf wieder schließen und bei geringer Hitze 2 Stunden leicht köcheln lassen. Gelegentlich umrühren, damit der Kohl nicht ansetzt.
Mettenden und Speck aus dem Kohl nehmen und beiseite stellen. Knochen entsorgen. Grünkohl mit Sojasauce, Pfeffer und Senf abschmecken.
Wenn der Kohl zu dünnflüssig ist, nach Bedarf Haferflocken einrühren. Würste, Speck und Kasseler zum Grünkohl geben, so dass sie vollständig bedeckt sind. Das Ganze nun ca. 30 Minuten bei geringer Hitze ziehen lassen.
Dazu passen Salz-, Brat- oder karamellisierte Kartoffeln.

LACHS AUS DEM OFEN

Würzig mariniert bleibt der Lachs im Backofen schön saftig. Nach nur 30 Minuten kommt er auf den Tisch. Er ist schmackhaft, süß und pikant und macht auch optisch echt was her.

1 Lachsseite mit Haut (ca. 600–900 g)

1 EL rosa Pfefferbeeren

1 EL Honig

Saft von einer ½ Zitrone

4 EL Sonnenblumenöl

Salz

3 Zitronen, unbehandelt

Lachs von eventuell verbliebenen Gräten befreien.
Rosa Pfefferbeeren leicht zerstoßen und mit Honig, Zitronensaft, Öl, und Salz zu einer Marinade verrühren. Lachs auf der Fleischseite darin ca. 1 Stunde marinieren.
Backofen auf 220 °C vorheizen. Lachs mit der Hautseite nach unten auf ein Backblech legen und auf der obersten Schiene 5 Minuten backen. Ofen auf 120 °C herunterschalten und den Lachs auf der untersten Schiene ca. 25 Minuten fertig garen. Nach einiger Zeit mit Backpapier abdecken. Zitronen in Scheiben schneiden und 5 Minuten vor Ende der Backzeit auf dem Lachs verteilen.

WASABISAUCE

1 Apfel, gerieben

1 EL Zitronensaft

150 g Mayonnaise

2–3 TL Wasabipaste (scharfer grüner japanischer Meerrettich)

1 Bund Schnittlauch, in kleine Röllchen geschnitten

Salz

Zucker

Apfel mit Zitronensaft vermischen. Alle Zutaten unter die Mayonnaise mischen und mit Salz und Zucker abschmecken.

KURKUMASAUCE

150 g Mayonnaise

¼ bis ½ TL Kurkuma

1–2 Msp. Ras el-Hanout (ersatzweise Curry)

Prise Chiliflocken

etwas Limettensaft

Salz

Mayonnaise mit den Gewürzen verrühren und mit Limettensaft und Salz abschmecken.

COCKTAILSAUCE

100 g Mayonnaise

1 EL Magerquark

1–2 EL Tomatenketchup

1 Schuss Cognac

Salz, Pfeffer, Cayennepfeffer

1 Prise Zucker

Mayonnaise, Magerquark, Tomatenketchup und Cognac miteinander vermischen. Mit Salz, Pfeffer, Cayennepfeffer und Zucker abschmecken.

BRATHÄHNCHEN
AUS DEM RÖMERTOPF

Bräter aus Gusseisen oder Edelstahl, Backblech oder Bratschlauch ... Bei Geflügel setzen wir immer wieder auf den guten alten Römertopf. Der Backofen bleibt sauber, das Hähnchen gelingt garantiert – zart, saftig und knusprig – einfach lecker.

4 PERSONEN

3 EL Sonnenblumenöl

1 TL Paprikapulver, edelsüß

1 TL Salz

1 TL frisch gemahlener Pfeffer

½ TL brauner Zucker

1 Brathähnchen, ca. 1,2 kg

2 Zwiebeln

1 Zitrone, unbehandelt

Den ganzen Römertopf ca. ½ Stunde wässern.
Öl, Paprikapulver, Salz, Pfeffer und Zucker verrühren und das Hähnchen innen und außen mit ¾ der Ölmischung einpinseln. Ca. ½ Stunde einziehen lassen.
Zwiebeln pellen und vierteln, Zitrone in Scheiben schneiden und den Boden des Römertopfes damit auslegen. Das Hähnchen mit der Brustseite nach unten darauf legen, den Deckel aufsetzen und in den kalten Ofen auf die mittlere Schiene schieben. Ofen auf 180 °C Ober- und Unterhitze einstellen.
Den Deckel nach ca. 50–60 Minuten abnehmen. Hähnchen wenden, mit dem restlichen Öl bestreichen und ohne Deckel weitere 10–15 Minuten knusprig backen.

SPITZKOHL AUS DEM OFEN

Der Name ist hier Programm. Spitzkohl ist die Krone der Kohl-Schöpfung. Seinen feinen Geschmack kann man schon ab Frühjahr frisch vom Feld genießen. Hier badet er in feiner Parmesansahne.

4 PERSONEN

1 Spitzkohl

2 EL Sonnenblumenöl
für die Auflaufform

Salz

2 TL Gewürzmischung nach Geschmack (z.B. Café de Paris, Garam Masala, Ras el-Hanout, Curry)

Pfeffer, frisch gemahlen

2 EL Parmesan, frisch gerieben

250 ml Sahne

Spitzkohl abspülen und abtrocknen. Der Länge nach achteln und die Strunkansätze herausschneiden.
Backofen auf 200 °C vorheizen.
Spitzkohlstücke nebeneinander in eine gefettete Auflaufform geben, salzen und mit den Gewürzen bestreuen. Form abdecken (mit passendem Deckel oder feuerfester Folie).
20 Minuten auf mittlerer Schiene backen.
Parmesan mit der Sahne verschlagen und über dem Spitzkohl verteilen. Ohne Abdeckung weitere ca. 20 Minuten backen.

LASAGNE

Ein echter italienischer Glücksbringer! Mit samtener Béchamelsauce, fruchtigem Ragù und viel Amore kann bei diesem Klassiker nichts schief gehen. Der Duft, wenn diese italienische Spezialität im Ofen backt, verheißt: Die Mühe hat sich gelohnt.

4 PERSONEN

RAGÙ ALLA BOLOGNESE:

Olivenöl

500 g Rinderhack

2 Zwiebeln, gehackt

1 Bund Petersilie, gehackt (hilfsweise 1 Pck. TK Petersilie)

3 Knoblauchzehen, gehackt

1 EL Tomatenmark

2 gr. Dosen Tomaten (á 880 g)

Salz/Pfeffer

1 Schuss Rotwein

250 ml Wasser

BÉCHAMELSAUCE:

30 g Butter

40 g Mehl

500 ml Vollmilch

Salz/Pfeffer

Zitronensaft

1 Prise Muskat

Butterflocken

4 EL Parmesan

Lasagneplatten

Olivenöl erhitzen, das Hackfleisch rundherum anbraten und die gehackten Zwiebeln und die Petersilie dazugeben. Knoblauch und Tomatenmark dazurühren und mitbraten. Mit den Dosentomaten aufgießen, salzen und pfeffern. Rotwein nach Belieben angießen. Die Sauce mindestens eine Stunde auf kleiner Flamme kochen lassen. Abschmecken. Danach das Wasser hinzugeben und umrühren.

Butter in einem Topf schmelzen und das Mehl mit dem Schneebesen dazuarbeiten. Milch dazugießen und die Sauce glattrühren. Wer zu langsam gerührt hat und Klümpchen entstanden sind, kann die Sauce durch ein feines Haarsieb passieren und dann weiterkochen lassen. Sie sollte fast eine halbe Stunde auf kleiner Flamme köcheln, damit sie den Mehlgeschmack verliert. Währenddessen regelmäßig rühren, damit die Sauce nicht ansetzt. Mit Salz, Pfeffer und Zitronensaft sowie etwas Muskat abschmecken.

Zubereitung der Lasagne:
In einer gebutterten, feuerfesten Form etwas Ragù Bolognese verteilen, eine Schicht Lasagneplatten nicht zu eng darauf legen, die Nudelschicht wieder mit Ragù und dann mit einer Béchamelsaucenschicht bedecken. Mit Parmesan bestreuen. Anschließend wieder eine Schicht Nudeln, Ragù, Béchamel und Parmesan. So Schicht für Schicht die Form füllen. Die letzte Schicht sollte Béchamelsauce bilden. Mit dem verbliebenen Parmesan bestreuen. Die Lasagne im vorgeheizten Backofen bei 180 °C ca. 30 Minuten backen.

Tipp:
Wenn man die Lasagne vorbereitet, um sie später zu backen, längere Zeit einplanen, da alle Zutaten nicht mehr warm sind. Die Form abdecken und erst am Ende der Backzeit Abdeckung abnehmen.

KÖNIGSBERGER KLOPSE MAL ANDERS

Eigentlich wird des Deutschen liebster Klops gekocht. Wir braten ihn lieber unkonventionell in der Pfanne. Durch die Röstaromen kriegt das Gericht einen neuen köstlichen Touch.

4 PERSONEN

KLOPSE:

1 altbackenes Brötchen

500 g Kalbshack, hilfsweise gemischtes Hack

1 Ei

1 gr. Zwiebel, in feine Würfel geschnitten

2 EL Paniermehl

1 TL Senf

1 TL Zitronenabrieb, unbehandelt

½ Bund glatte Petersilie, fein gehackt

2 Sardellenfilets, fein gehackt

Salz/Pfeffer

Sonnenblumenöl

Brötchen in Wasser einweichen, gut ausdrücken und in eine Schüssel geben. Hack, Ei, Zwiebel, Paniermehl, Senf, Zitronenabrieb, Petersilie und Sardellenfilets dazugeben, salzen und pfeffern.
Mit angefeuchteten Händen kleine Bällchen formen und in heißem Öl in der Pfanne braun braten.

SAUCE:

3 EL Butter

2 EL Mehl

250 ml Rinderbrühe

1 kl. Glas Kapern

120 ml Sahne

1–2 EL Zitronensaft

Zucker

Salz/Pfeffer

1 Eigelb

1 Bund Petersilie, gehackt

Butter in einem Topf schmelzen und das Mehl darin anschwitzen. Mit Brühe unter Rühren ablöschen. Abgetropfte Kapern (die Lake auffangen) und die Sahne hinzugeben. Sauce nicht mehr kochen lassen. Mit Zitronensaft, Kapernlake, Zucker, Salz und Pfeffer abschmecken. Anschließend das Eigelb zum Legieren in die Sauce rühren. Klopse mit der Sauce überziehen und mit der Petersilie garnieren.
Dazu Salzkartoffeln.

SCHNELLER SAUERBRATEN

Keine Lust ewig zu warten, bis das Fleisch in der Marinade endlich durchgezogen ist? Hier gelingt der Braten garantiert, einfacher kann es nicht sein.

4 PERSONEN

1 EL Butter

3 EL Olivenöl

1 kg Rinderbraten

1 EL Mehl

2 Zwiebeln, gewürfelt

150 ml dunkler Balsamico-Essig

Salz/Pfeffer

500 ml doppelt konzentrierte Rinderbrühe

200 ml Sahne

1 Schuss Rotwein

Butter und Olivenöl in einem Topf erhitzen. Das Fleisch mit Mehl einreiben und von allen Seiten scharf anbraten. Zwiebeln dazugeben und anbräunen. Essig hinzugeben und reduzieren lassen. Den Braten salzen und pfeffern. Zuerst die Rinderbrühe, dann die Sahne hinzugießen und bei geschlossenem Topf bei reduzierter Hitze 3 Stunden simmern lassen. Das Fleisch nach der Garzeit aus dem Topf nehmen und die Sauce pürieren. Mit einem Schuss Rotwein abschmecken. Nach Belieben binden.

YORKSHIRE-PUDDING

Lassen Sie sich hier nicht durch den Namen in die Irre führen. Yorkshire-Pudding ist eine ganz wunderbare Beilage zu Braten und Gerichten mit viel Sauce und kommt ursprünglich aus Großbritannien. In der Muffinform gebacken kann man die knusprigen Teigbecherchen toll mit Sauce füllen. Da bleibt die eine oder andere Kartoffel oft liegen.

4 PERSONEN

4 Eier

200 g Mehl

1 TL Salz

500 ml Milch

2 EL Butterschmalz

Die Eier verquirlen und mit Mehl, Salz und Milch zu einem Teig schlagen. 1 Stunde in den Kühlschrank stellen.
Backofen auf 210 °C vorheizen.
Butterschmalz in einem Topf schmelzen lassen und auf ein 12er Muffinblech verteilen. Das Blech vor dem Befüllen 5 Minuten in den heißen Backofen stellen.
Den Teig in die Förmchen füllen und diesen ca. 15 Minuten backen, bis die Oberfläche goldbraun wird.
Wichtig: Die Ofenklappe nicht während des Backvorganges öffnen.

ROTKOHL

4 PERSONEN

2–3 EL Sonnenblumenöl

1 Zwiebel, gewürfelt

1 kg Rotkohl, geputzt und in feine Streifen gehobelt

4 Äpfel, geschält und gewürfelt

1 Lorbeerblatt

8 Gewürznelken

Salz

1 Schuss Essig

2 EL Preiselbeeren aus dem Glas

125 ml Rotwein

Honig

Öl in einem großen Topf erhitzen und die Zwiebel darin hellgelb rösten. Den Kohl dazugeben und andünsten. Äpfel, Lorbeerblatt, Nelken, Salz, Essig, Preiselbeeren und Rotwein hinzugeben und gar schmoren lassen. Mit Salz, Honig und Essig abschmecken.
Schmorzeit ca. 2 Stunden, dabei gelegentlich umrühren.

TIPP:
Reste vom Rotkohl am nächsten Tag in Crêpes einrollen und in Scheiben schneiden.

RINDERSCHMORBRATEN

Was lange schmort … Es gibt kaum etwas Schöneres, als ein Essen in gemütlicher Geselligkeit. Das perfekte Wohlfühlessen dafür ist ein Schmorgericht wie dieser Rinderbraten. Man braucht nur Produkte guter Qualität und ein wenig Zeit zur Vorbereitung. Danach köchelt er einfach vor sich hin und gelingt fast von allein. Der wunderbare Duft füllt das Haus. Butterzart und saftig kommt er auf den Tisch.

4 PERSONEN

1 kg Rinderschmorbraten

Salz/Pfeffer

Sonnenblumenöl

5 mittelgroße Zwiebeln, gewürfelt

½ Bund Suppengrün, geputzt und in Stücke geschnitten

5 Knoblauchzehen, gehackt

2 EL Tomatenmark

250 ml Rotwein

750 ml Rinderbrühe

Sahne

Fleisch säubern, salzen und pfeffern. Öl sehr heiß werden lassen und das Rindfleisch ringsherum scharf anbraten, danach aus dem Topf nehmen. Zuerst die Zwiebeln im Topf anbraten, bis sie leicht gebräunt sind, dann das Suppengrün und den Knoblauch darin kurz mitbraten. Tomatenmark hinzugeben, mit dem Rotwein ablöschen und die Rinderbrühe hinzugeben. Das angebratene Fleisch hineingeben, mit dem angeschmorten Gemüse bedecken und 2 Stunden auf kleiner Flamme schmoren lassen. Zum Schluss das Fleisch herausnehmen und die Sauce durchpassieren oder pürieren. Mit Salz und Pfeffer abschmecken und ca. 20 Minuten auf kleiner Flamme reduzieren lassen. Wenn die Sauce die richtige Konsistenz hat, etwas abkühlen lassen und die Sahne einrühren.

TIPP:
Wenn nach dem üppigen Festmahl etwas übrig bleibt, hier zwei Ideen für die leckere Verwertung der Reste:

Pulled Braten: Fleisch mit zwei Gabeln in Streifen zupfen, mit der Bratensauce, oder einer Barbecuesauce vermischen und zwischen ein Burgerbrötchen geben.

Gröstl, deftiger Pfannenschmaus aus dem Alpenraum: Fleisch würfeln und mit Kartoffel- oder Knödelresten in der Pfanne rösten. Nach Belieben Zwiebeln oder Gemüse dazugeben. Mit einem gebratenen Spiegelei servieren.

WILDSCHWEINTOPF MIT PFLAUMEN

Eine herbstliche Variation des klassischen Gulaschs ist dieses rustikale Wildgericht. Durch das Schmoren wird das aromatische Wildschweinfleisch schön weich. Backpflaumen sorgen für eine fruchtige Note.

4 PERSONEN

4 Knoblauchzehen, fein gehackt

1 TL Salz

½ TL frisch gemahlener Pfeffer

1 EL Majoran

1 TL Thymian

800 g Wildschweinfleisch, in Würfel geschnitten

2–3 EL Butterschmalz

100 g durchwachsener Speck, fein gewürfelt

4 Zwiebeln, grob gehackt

1 l Rotwein

400 g entsteinte Backpflaumen, davon 300 g klein geschnitten

250 g Pflaumenmus

2–3 EL Rotweinessig

Salz/Pfeffer

1 Prise Cayennepfeffer

1 Becher Schmand

1 Handvoll Kräuter (z.B. Oregano, Basilikum, Petersilie), fein gehackt

Knoblauch mit Salz, Pfeffer, Majoran und Thymian zerreiben. Fleisch mit Knoblauchmischung einreiben. 2 Stunden durchziehen lassen. Butterschmalz in einem Bräter erhitzen und das Fleisch darin von allen Seiten scharf anbraten. Speck fein würfeln, zum Fleisch geben und ebenfalls kurz mitbraten. Zwiebeln dazugeben und ebenfalls anschmoren. Das Ganze mit Rotwein auffüllen und Bräter mit Deckel im vorgeheizten Backofen bei 180–200 °C 60–70 Minuten schmoren lassen.

Backpflaumen mit dem Pflaumenmus und dem Rotweinessig unter die Sauce ziehen. Das Ganze mit Salz, Pfeffer und Cayennepfeffer abschmecken und weitere 15 Minuten garen. Nach Ende der Garzeit den Schmand hineinrühren. Mit den frischen Kräutern bestreuen und sofort servieren.

WEISSKOHLEINTOPF

Ein echter Seelenschmeichler aus der Heimatküche – an kalten Tagen ein deftiger Sattmacher. Für den geschmacklichen Feinschliff sorgt das Bier.
Sollte etwas übrig bleiben … am nächsten Tag schmeckt er noch besser.

4 PERSONEN

400 g Cabanossi, in Scheiben geschnitten

Olivenöl

1 gr. Zwiebel, in Würfel geschnitten

800 g Weißkohl, in dünne Streifen gehobelt

½ TL frisch gemahlener Pfeffer

½ TL Kümmel

Salz

2 Knoblauchzehen, gepresst

250 ml Bier

400 g Kartoffeln, gewürfelt

750 ml Hühnerbrühe

1,5 EL dunkler Balsamico-Essig

½ Bund Petersilie, gehackt

Cabanossi im heißen Olivenöl anbraten. Wenn die Scheiben schön gebräunt sind, die Zwiebel dazugeben und für ein paar Minuten mitbraten, bis sie Farbe nimmt. Den Kohl dazugeben und weich dünsten. Dabei regelmäßig umrühren. Pfeffer, Kümmel und Salz dazugeben. Knoblauch hinzugeben, umrühren und nach 2 Minuten das Bier angießen. 3 Minuten unter Rühren etwas reduzieren lassen. Kartoffeln und Hühnerbrühe dazugeben und zum Kochen bringen. Mit Deckel ca. 40 Minuten köcheln lassen. Flamme ausstellen und Essig und Petersilie unterrühren. Nochmals mit Salz abschmecken.

Blitzrezepte

Blitzrezepte

Kennen Sie das? Sie kommen spät von der Arbeit, die Kinder sind schon früher aus der Schule zuhause.... Es kommt unerwartet Besuch, oder Gäste beweisen Sitzfleisch und langsam sollte etwas zu Essen her?
Manchmal möchte man seine Gäste ganz schnell mit einer warmen Mahlzeit verwöhnen, denn diese, auch wenn sie schnell gemacht ist, vermittelt einfach das gute Gefühl, dass man wirklich willkommen ist. Das macht Gastfreundschaft aus. In diesem Kapitel finden Sie Rezepte, die fix gezaubert sind, aber trotzdem etwas hermachen. Machen Sie sich selbst glücklich, denn Sie haben ganz entspannt viel Zeit für Ihre Gäste.

CHINESISCHE BRATNUDELN

Wer kennt das nicht: unterwegs schnell eine Portion Bratnudeln als Snack geht immer. Fast genauso fix kann man sie selber machen. Ein asiatisches Blitzrezept.

4 PERSONEN

300 g Chinesische Eiernudeln (hilfsweise Spaghetti)

300 g Hühnerbrust

4 EL helle Sojasauce

250 g Möhren

Broccoli

1 Bund Frühlingszwiebeln

3 EL Sonnenblumenöl

1 TL Zucker

200 g frische Sojasprossen

Sesamöl

evtl. 1 Ei

Nudeln in Salzwasser bissfest kochen und gut abtropfen lassen. Fleisch in dünne Streifen schneiden und mit einem Esslöffel der Sojasauce marinieren.
Gemüse putzen und ebenfalls in feine Streifen schneiden. Sonnenblumenöl in einem Wok oder einer großen Pfanne erhitzen und das Gemüse darin anbraten. Anschließend aus der Pfanne nehmen. Das Fleisch im verbliebenen Öl leicht Farbe nehmen lassen. Danach ebenfalls herausnehmen und die Nudeln im Wok oder in der Pfanne bei voller Hitze ca. 5 Minuten braten. Dabei regelmäßig umrühren. Gemüse und Fleisch hinzugeben und mit Sojasauce und Zucker abschmecken. Zum Schluss die Sojasprossen unterrühren. Wok vom Herd nehmen und kurz vor dem Servieren ein paar Spritzer Sesamöl unterrühren.

TIPP:
Nach Belieben kann man am Ende der Bratzeit ein verquirltes Ei unter die Nudeln heben.

SCAMPI IN HONIG-KNOBLAUCH-BUTTER

Hier treffen exotische Aromen aufeinander. Chili bringt Schärfe, Knoblauch bringt die Würze, Zitrone die Frische und Honig den süßen letzten Schliff.

4 PERSONEN

4 EL Butter

4 EL Honig

1 EL Zitronensaft

1 EL Sojasauce

3 Knoblauchzehen, gepresst

1 rote Chilischote, in feine Ringe geschnitten

1 EL Olivenöl

600 g geschälte Scampi mit Schwanz

Salz/Pfeffer

1 Zitrone, unbehandelt

1 Bund glatte Petersilie, grob gehackt

Butter in einer Pfanne erhitzen, bis sie schaumig wird und leicht bräunt. Honig, Zitronensaft, Sojasauce, Knoblauch und Chilischote hinzugeben und 1 Minute rühren. Pfanne vom Herd nehmen. Die Hälfte der Butter abgießen und zur Seite stellen.
Pfanne wieder auf den Herd stellen, Olivenöl hinzufügen und die Scampi auf jeder Seite ca. 2 Minuten braten.
Die restliche Butter darüber geben, salzen und pfeffern und mit Zitronenscheiben und Petersilie überstreut servieren.
Dazu passt knuspriges Baguette.

ROTES THAI CURRY

Eigentlich handelt es sich hier um ein Grundrezept. Die Zugabe von Fleisch und Gemüse kann ganz nach Belieben und Vorratssituation variiert werden. Der Fantasie sind keine Grenzen gesetzt.

4 PERSONEN

1 EL rote Currypaste

2 EL Erdnuss- oder Sonnenblumenöl

50 ml Wasser

400 ml Kokosmilch

400 g Fleisch oder Fisch

ca. 800 g Gemüse nach Belieben

2 EL Fischsauce

2 EL Sojasauce

1 EL brauner Zucker oder Kokoszucker

2 Chilischoten, rot oder grün, in schräge Ringe geschnitten

Thai-Basilikum oder Koriander und Limette zum Garnieren.

Currypaste im heißen Öl schwenken, kurz mit etwas Wasser ablöschen, nach und nach die Kokosmilch dazugeben und immer erst gut verrühren, bevor man die nächsten Zutaten dazugibt. Fleisch oder Fisch in Stücke schneiden, hinzufügen und ca. fünf Minuten gar köcheln lassen.
Das in Streifen geschnittene Gemüse dazugeben und das Ganze wieder zum Kochen bringen. Alles sollte bissfest bleiben und die Farbe behalten.
Mit Fischsauce, Sojasauce und Zucker abschmecken. Chilischoten hinzufügen und eine Minute weiterkochen.
Thai-Basilikum-Blätter oder Koriander und Limettenscheiben vor dem Servieren darüber geben.

TIPP:
Currypasten gibt es in unterschiedlichen Farben (z.B. rot, grün und gelb) und in unterschiedlichen Schärfegraden.
Eines haben sie gemeinsam: Sie sollten immer in etwas Öl sautiert werden, damit sie ihre vielfältige Geschmacksfülle entwickeln können. Wenn die Paste herrlich zu duften beginnt, die benötigte Flüssigkeit wie Brühe oder Kokosmilch angießen.

PEKING SUPPE

Jeder kennt diese süßsaure Suppe aus asiatischen Restaurants. Bringen Sie asiatisches Flair in Ihre eigenen vier Wände. Sehr schnell ist sie gezaubert.

4 PERSONEN

1 Zwiebel, fein gehackt

2 Knoblauchzehen, fein gehackt

1 Stck. Ingwer (daumengroß), fein gehackt

1 EL Erdnussöl

4 EL Sojasauce

1 l Hühnerbrühe

1 EL Tomatenmark

1 kl. Möhre, in dünne Streifen geschnitten

1 kl. rote Paprikaschote, in dünne Streifen geschnitten

½ rote Peperoni, in kleine Stücke geschnitten

100 g Bambussprossen (Dose)

100 g Sojabohnenkeimlinge (Dose)

1 EL Speisestärke

3 EL dunkler Reisessig (hilfsweise dunkler Balsamico)

1 EL Zucker

1 Ei

1 EL Sesamöl

¼ Kopf Chinakohl

Schnittlauch

Zwiebel, Knoblauch und Ingwer schälen, im erhitzten Erdnussöl anbraten. Sojasauce dazugeben und mit 1 l Hühnerbrühe ablöschen. Tomatenmark einrühren. Möhre, Paprikaschote und Peperoni zur Suppe geben. Bambussprossen und Sojabohnen dazugeben und aufkochen lassen. Speisestärke mit etwas Suppenflüssigkeit glattrühren und in die Suppe rühren. Essig und Zucker dazugeben.
Ei verschlagen und langsam in die Suppe fließen lassen. Topf vom Herd nehmen und das Sesamöl hineingeben. Chinakohl in Streifen schneiden und zuletzt hinzugeben. Nicht mehr kochen.
Vor dem Servieren mit Schnittlauchröllchen bestreuen.

PENNE AL ARRABIATA

„Pasta auf leidenschaftliche Art" heißt dieses italienische Gericht aus dem Latium. Die Penne garen in der pikanten Tomatensauce fertig und nehmen deren Aroma in sich auf.

4 PERSONEN

100 g durchwachsener Speck am Stück

1 kg frische Tomaten, gehäutet oder 1 gr. Dose Schältomaten (800 g)

1 Bund glatte Petersilie

2 Knoblauchzehen

500 g Penne

Olivenöl

3 kl. Chilischoten

Salz

frisch gemahlener Pfeffer

100 g Parmesan, frisch gerieben

Speck in feine Streifen schneiden. Wer keine Speckstreifen in der Pasta möchte, lässt ihn am Stück und nimmt ihn später wieder heraus. Tomaten enthäuten, entkernen und das Fruchtfleisch klein schneiden. Bei Dosentomaten, diese mit einer Gabel grob zerkleinern. Petersilie fein hacken. Knoblauchzehen in feine Scheiben schneiden.
Salzwasser in einem großen Topf aufkochen und die Penne darin 5 Minuten vorgaren.
Olivenöl in einer großen Pfanne erhitzen. Speck hineingeben und auf kleiner Hitze unter rühren dünsten, ohne dass er Farbe nimmt. Knoblauch, passierte Tomaten und Chilischoten unterrühren und mit Salz und Pfeffer würzen. Auf kleiner Hitze ca. 20 Minuten köcheln lassen.
Penne nur kurz abtropfen lassen, dabei einige EL Kochwasser zurückbehalten und unter die Sauce mischen. Das Ganze auf kleiner Flamme weiter köcheln lassen, bis die Nudeln al dente sind. Wenn nötig noch etwas Kochwasser nachgießen.
Eventuell die Chilischoten entfernen. Nochmals mit Salz und Pfeffer nachwürzen.
Mit Petersilie und Parmesan bestreuen oder den Käse separat dazu servieren, damit sich jeder Gast nach seinem Bedarf bedienen kann.

TIPP:
Der Käse sollte erst kurz vor Gebrauch gerieben werden, denn schon nach zehn Minuten fängt er an der Luft an zu oxidieren. Das heißt, er verändert seinen Geschmack.

GEMÜSEPUFFER MIT SCHMAND-DIP

Dieses unkomplizierte Rezept lässt einen nicht lange am Herd stehen, sondern mit Familie und Freunden draußen sitzen und die Abendsonne genießen. Außen kross und innen saftig, so lieben wir diese raffinierten Gemüsepuffer, getoppt nach Geschmack mit Nordseekrabben oder auch Räucherlachs.

4 PERSONEN

400 g Zucchini, geraspelt

1 Prise Salz

200 g Möhren, geraspelt

200 g Kartoffeln, geraspelt

1 Zwiebel, gewürfelt

2 Eier

3 EL Mehl

3 EL geriebener Parmesan

Salz/Pfeffer

1 Prise Muskatnuss

Sonnenblumenöl

200 g Schmand

Zucchini salzen, in ein Sieb geben und für 15 Minuten beiseite stellen. Danach gut ausdrücken und mit den übrigen Zutaten, bis auf Sonnenblumenöl und Schmand, in einer Schüssel gut vermischen.
Jeweils 2 EL Öl in einer Pfanne erhitzen, esslöffelgroße Portionen hineinsetzen und vorsichtig in Form drücken. Bei mittlerer Temperatur ca. 3 Minuten auf beiden Seiten braten.
Mit Schmand und Topping anrichten.

ROTE LINSENSUPPE
DHAL

Eine Suppe aus der indischen Küche, hier mit roten Linsen zubereitet. Beim Anrösten der wunderbaren Gewürze verteilt sich ein exotischer Duft im ganzen Haus.

4 PERSONEN

25 g Butter

½ TL Kurkuma

1 TL Garam Masala (Gewürzmischung)

¼ TL Chilipulver

1 TL Cumin

2 Knoblauchzehen, gehackt

1 Zwiebel, fein gewürfelt

1 gr. Dose geschälte Tomaten (880 g)

175 g rote Linsen

2 TL Zitronensaft

600 ml Gemüsebrühe

300 ml Kokosmilch

Salz/Pfeffer

frischer Koriander

Zitronenspalten

Butter in einem Topf zerlassen. Gewürze in einer Schale vermischen. Knoblauch und Zwiebel in der Butter 2–3 Minuten unter Rühren andünsten. Gewürze einstreuen und weitere 30 Sekunden dünsten. Tomaten, Linsen, Zitronensaft, Gemüsebrühe und Kokosmilch in den Topf geben und aufkochen. Hitze reduzieren, 25–30 Minuten köcheln lassen, bis die Linsen weich sind. Sollten sie zu trocken sein, kann noch etwas Wasser hinzugefügt werden. Mit Salz und Pfeffer abschmecken. Mit Koriander und Zitronenspalten garnieren und servieren.

TOMATEN MIT FETA VOM BLECH

Hier treffen spektakulär mediterrane Aromen aufeinander und verschmelzen zu einem wahren Gaumenschmaus. Mit knusprigem Baguette oder Fladenbrot ein sommerlicher Genuss.

4 PERSONEN

3 Zwiebeln

50 ml Olivenöl

Salz/Pfeffer

5 große Tomaten

4 Zweige Rosmarin

8 Zweige Thymian

400 g Feta, in Scheiben geschnitten

300 g Kirschtomaten

Den Backofen auf 180 °C vorheizen.
Zwiebeln halbieren und in Scheiben schneiden. 30 ml Olivenöl und Zwiebeln auf einem Backblech verteilen, salzen und pfeffern. Im Backofen 15 Minuten garen.
Tomaten in dickere Scheiben schneiden und mit den Kräutern, Feta und Kirschtomaten auf den Zwiebeln verteilen. Mit dem Rest Olivenöl besprenkeln, salzen und pfeffern und weitere 15 Minuten im Ofen garen.

ROULADENGESCHNETZELTES

Wenn Sie keine Zeit zum Rollen haben, einfach das Rouladenfleisch in feine Streifen schneiden. Alle anderen Zutaten werden einfach in Würfeln dazugegeben. Ein wirkliches Blitzrezept.

4 PERSONEN

3 Rinderrouladen

2 mittelgroße Zwiebeln

250 g durchwachsener Speck

2 Gewürzgurken

3 EL Sonnenblumenöl

Salz/Pfeffer

500 ml Rinderbrühe

200 ml Rotwein

2 EL Senf

Speisestärke

Rouladenfleisch in Streifen schneiden. Zwiebeln und Speck würfeln. Gewürzgurken in Streifen schneiden.
Fleisch im erhitzten Öl anbraten, bis es Farbe annimmt. Zwiebeln und Speck dazugeben und kurz mitbraten. Mit Salz und Pfeffer würzen, mit der Rinderbrühe und Rotwein ablöschen und kurz aufkochen lassen. Senf einrühren und zugedeckt bei mittlerer Temperatur ca. 45 Minuten köcheln lassen. Nach Belieben mit Speisestärke andicken.

SCHWEINEFILETS IM SCHINKENMANTEL

Das zarte Filet wird von würzigem Schinken umhüllt und badet in sahniger Cognacsauce. Ein aromatisches Gipfeltreffen.

4 PERSONEN

750 g Schweinefilet

frisch gemahlener Pfeffer

100 g geräucherter Schinken

3 EL Sonnenblumenöl

2 Frühlingszwiebeln, in kleine Stücke geschnitten

100 ml Gemüsebrühe

150 g Frischkäse, Doppelrahmstufe

150 ml Sahne

1,5 EL Tomatenmark

½ Bund glatte Petersilie, gehackt

1,5 cl Cognac

Salz/Pfeffer

Backofen auf 200 °C vorheizen.

Fleisch in 3 cm dicke Stücke schneiden, pfeffern und ringsherum mit dem Schinken umwickeln. Anschließend in einer Pfanne mit 2 EL Öl kurz scharf anbraten. Medaillons in eine Auflaufform setzen. Frühlingszwiebeln in 1 EL Öl andünsten. Mit Brühe ablöschen und den Frischkäse einrühren. Sahne nach und nach hinzugeben und alles glattrühren.
Tomatenmark, Petersilie und Cognac hinzugeben. Mit wenig Salz und Pfeffer abschmecken. Sauce über die Schweinemedaillons geben und auf mittlerer Schiene 30–40 Minuten garen.

ITALIENISCHE GRÜNKOHLSUPPE

Diese cremig pikante Suppe kitzelt den Gaumen und gibt nach und nach das Geheimnis ihrer Aromen preis. Sie hinterlässt wohlige Glückseligkeit bei ihren Genießern – ein wirklicher Seelenwärmer.

4 PERSONEN

500 g Rinderhack

2 TL getrocknete Petersilie

2 TL italienische Kräutermischung

½ TL Fenchelsamen (nach Belieben gemörsert)

½ TL Paprikapulver, edelsüß

½ TL Chiliflocken

2 Knoblauchzehen, gepresst

2 gestr. TL Salz

2 EL Olivenöl

8 Scheiben Frühstücksspeck, davon 4 gewürfelt

1 mittelgroße Zwiebel, gewürfelt

500 ml Hühnerbrühe

500 ml Wasser

1 geh. TL Zucker

700 g neue kleine Kartoffeln, ungeschält, gewaschen und in Scheiben geschnitten

200 g TK Grünkohl, gehackt

200 ml Sahne

100 ml Vollmilch

Salz/Pfeffer

3 EL Parmesan, gerieben

Hackfleisch mit Petersilie, italienischen Kräutern, Fenchelsamen, Paprikapulver, Chiliflocken, Knoblauch und Salz sorgfältig vermischen. Olivenöl in einem großen Topf erhitzen und die Hackfleischmischung darin scharf anbraten. Anschließend aus dem Topf nehmen und beiseite stellen. Gewürfelten Speck im selben Topf 3 Minuten anschwitzen, Zwiebel dazugeben und weitere 5 Minuten unter Rühren glasig braten.
Hühnerbrühe und Wasser angießen, Zucker und Kartoffeln hinzugeben und zum Simmern bringen. Hackfleisch hinzugeben. Nach ca. 15 Minuten den Grünkohl dazugeben und weitere 10 Minuten köcheln lassen.
Sahne und Milch einrühren und mit Salz und Pfeffer abschmecken. Die restlichen Speckscheiben knusprig braten, zerbröseln und zusammen mit dem Parmesan als Topping servieren.

KALT GERÜHRTE TOMATENSAUCE
ZU PASTA

Schneller kann es eigentlich nicht gehen. Ein wahres Blitzrezept. Sehr lecker, fruchtig und erfrischend. Perfekt für heiße Sommertage

4 PERSONEN

500 g Spaghetti

1 gr. Dose geschälte Tomaten (880 g)

1 Bund Basilikum

3 Knoblauchzehen

5 EL Olivenöl

Salz/Pfeffer

1 Prise Chiliflocken od. Cayennepfeffer

1 Spritzer Zitronensaft nach Belieben

Parmesan, frisch gerieben

Spaghetti nach Packungsanweisung bissfest kochen. Anschließend durch ein Sieb gießen.
Tomaten inklusive Saft mit einem Stabmixer oder im Standmixer pürieren. Basilikumblätter kleinzupfen und zusammen mit dem gepressten Knoblauch und dem Olivenöl zu den Tomaten geben. Mit Salz, Pfeffer, Chili und Zitronensaft würzen. Mit den gekochten Spaghetti vermischen und servieren. Parmesan dazu reichen.

SPAGHETTI MIT THUNFISCH

Die Zutaten für dieses wirklich einfache Rezept hat man immer im Haus. Mit frischer Petersilie, einem guten Olivenöl und frisch geriebenem Parmesan wird dieses Gericht zum Genuss.

4 PERSONEN

2 Knoblauchzehen

1 Bund Petersilie

1 Dose Thunfisch im eigenen Saft

2 EL Olivenöl

2 EL Butter

500 g Spaghetti

250 ml Sahne

2 Eigelb

3 EL Parmesan, frisch gerieben

Salz/Pfeffer

Knoblauch schälen, Petersilie hacken und Thunfisch mit einer Gabel grob zerkleinern. Olivenöl und Butter in einer Pfanne erwärmen. Knoblauch hineinpressen, Petersilie und Thunfisch hinzugeben und alles anschwitzen.
Spaghetti bissfest kochen.
Sahne, Eigelb und Parmesan in einer Schüssel verrühren und mit Salz und Pfeffer kräftig abschmecken.
Spaghetti in eine vorgewärmte Schüssel geben und mit Eiersahne und Thunfisch vermischen.

SPAGHETTI MIT TOMATEN-WODKA-SAUCE

Schon Audrey Hepburn war süchtig nach dieser Pasta. Schnell, einfach, umwerfend lecker! Ein Teller Trost!

4 PERSONEN

500 g Spaghetti

50 g Butter

1 rote Peperoni

3 EL Tomatenmark

200 ml Sahne

4 cl Wodka

1 Prise Zucker

50 g Parmesan, frisch gerieben

Salz/Pfeffer

Spaghetti in Salzwasser bissfest kochen.

Butter in einer tiefen Pfanne zerlassen. Peperoni darin anschwitzen. Tomatenmark mit etwas warmem Wasser glattrühren und dazugeben. Sahne hinzugießen und sobald die Mischung kocht, den Wodka und den Zucker einrühren. Chilischote entfernen und den geriebenen Parmesan einrühren, bis die Sauce schön sämig ist. Mit Salz und Pfeffer abschmecken.

Nudeln in der Pfanne mit der Sauce vermischen und sofort servieren.

ZUCCHINI FRITTATA

Ein köstliches Omelett auf Italienisch. Warm und kalt ist diese simple, aber feine Eierspeise ein Genuss. So lecker kann auch Resteverwertung sein, wenn mal Aufschnitt oder Gemüsebeilagen übrig bleiben.

4 PERSONEN

2 Frühlingszwiebeln

2 EL Olivenöl

500 g Zucchini

50 g geräucherter Schinken

6 Eier

Salz/Pfeffer

2 EL geriebener Parmesan

Frühlingszwiebeln in 1 cm große Stücke schneiden und im erhitzten Olivenöl anschwitzen, bis sie glasig werden. Zucchini in mundgerechte Stücke schneiden, zu den Frühlingszwiebeln geben und braten, bis sie bissfest sind.
Schinken in feine Streifen schneiden und in die Pfanne geben, umrühren und die Hitze reduzieren. Pfanne mit einem Deckel abdecken. Eier schaumig schlagen und mit Salz und Pfeffer würzen. Parmesan hinzugeben und schlagen, bis alles vermengt ist.
Eiermischung zu den Zucchini geben und bei mittlerer Temperatur ca. 5 Minuten braten. Danach wenden und weitere 5 Minuten braten.

RIZ CASIMIR
NACH ARNOS ART

CURRYGESCHNETZELTES

Unser lieber Freund und Koch Arno Hofer aus Oftringen hat diesem Schweizer Rezept seine eigene Sahnehaube aufgesetzt. Mit Cocktailfrüchten verziert ist dieses Gericht ein exotisches Erlebnis.

4 PERSONEN

400 g Hühnerbrust oder Kalbsschnitzel

2 EL Butter

3 mittelgroße Zwiebeln, gewürfelt

Salz/Pfeffer

2–3 EL Currypulver

1 TL Mehl

100 ml Weißwein

500 ml Rinderfond

1 kl. Dose Ananasstücke (565g)

200 ml Sahne, geschlagen

Fleisch in Würfel schneiden. Butter in einem Topf erhitzen und die Zwiebeln goldgelb braten. Fleisch hinzugeben und etwas Farbe nehmen lassen. Kräftig salzen und pfeffern. Mit Curry und Mehl bestreuen und unter Rühren leicht ansetzen lassen. Mit Weißwein ablöschen. Fond hinzugeben und aufkochen lassen.
Ananasstücke abtropfen lassen, Saft auffangen. Ananas hinzugeben und 10 Minuten köcheln lassen. Eventuell mit etwas Speisestärke binden. Mit Salz, Pfeffer und Ananassaft abschmecken.
Geschnetzeltes auf einer großen Platte anrichten, die Schlagsahne darauf geben und mit Früchten nach Wahl garnieren. Sofort servieren, da die Sahne schnell schmilzt.
Dazu Basmati-Reis.

SCHWEIZER WURSTSALAT

Ein kaltes Bier dazu und der gemütliche Abend ist perfekt. Traditionell nimmt man Lyoner, eine feine Fleischwurst, für diesen Salat.

4 PERSONEN

300 g Fleischwurst

200 g Emmentaler Käse

100 g Gewürzgurken

2 Zwiebeln

3 EL Weißweinessig

3 EL Gurkenwasser

5 EL Sonnenblumenöl

1 TL Salz

Pfeffer

½ Bund Radieschen

Cocktailtomaten

Schnittlauch

Fleischwurst, Käse und Gurken in Streifen, Zwiebeln in dünne Ringe schneiden. Aus Essig, Gurkenwasser, Öl, Salz und Pfeffer eine Marinade herstellen, über die o.g. Zutaten geben und 1 Stunde durchziehen lassen.
Radieschen in dünne Scheiben schneiden, Tomaten vierteln, Schnittlauch in Röllchen schneiden und den Salat vor dem Servieren damit garnieren.

SHAKSHUKA

Einmal frühstücken wie in Israel? Dieses Trendgericht geht blitzschnell, die Eier kommen ganz zum Schluss und stocken in kleinen Mulden der Tomatensauce. Ganz fein!

Nach Geschmack Kichererbsen oder Auberginen mitköcheln oder vor dem Servieren mit Feta bestreuen.

4 PERSONEN

4 EL Olivenöl

3 rote Spitzpaprika, entkernt und gewürfelt

1 Zwiebel, fein gewürfelt

100 g getrocknete Tomaten in Öl, abgetropft, fein gehackt

1 Prise Salz und Pfeffer

½ TL Cumin (Kreuzkümmel), gemahlen

½ TL Paprikapulver, edelsüß

1 Prise Cayennepfeffer oder Chiliflocken

1 Knoblauchzehe, gepresst

1 gr. Dose Schältomaten (880 g)

1 EL Tomatenmark

4 Eier

1 Bund glatte Petersilie, gehackt

Öl in einer großen Pfanne erhitzen, Paprika und Zwiebel darin 5 Minuten dünsten. Gewürze einrühren und kurz anschwitzen. Knoblauch und beide Tomatensorten mit Saft dazugeben und 10 Minuten langsam dicklich einkochen. Das Tomatenmark unterheben und weitere 5 Minuten kochen.
Mit einem Esslöffel vier Mulden in die Tomatensauce drücken und die Eier vorsichtig hineingeben. 5 Minuten köcheln lassen bis das Eiweiß stockt und das Eigelb noch leicht zähflüssig ist. Mit Petersilie überstreuen und mit krossem Baguette oder Fladenbrot servieren.

HÜHNCHEN IN ESTRAGON-SAHNESAUCE

Estragon gibt diesem Hühnergeschnetzelten eine besonders würzige Note. Weißwein und cremige Sahne erinnern an den letzten Frankreichurlaub.

4 PERSONEN

300 g frische Champignons, in Scheiben geschnitten

2 EL Sonnenblumenöl

400 g Hühnerbrust

1 Schalotte oder
2 Frühlingszwiebeln, in kleine Stücke geschnitten

2 Knoblauchzehen, gepresst

200 ml trockener Weißwein

Salz/Pfeffer

250 ml Sahne

1 EL Estragon, frisch gehackt, hilfsweise getrocknet

Champignons in etwas Öl andünsten, danach beiseite stellen. Fleisch in Würfel schneiden. Schalotte, Knoblauch und Fleisch in Öl bei großer Hitze rasch anbraten und mit Weißwein ablöschen. Salzen und pfeffern. Sobald der Wein auf die Hälfte reduziert ist, die Sahne angießen. Weiter einkochen lassen und den Estragon dazugeben.
Bei kleiner Hitze 10 Minuten köcheln lassen. Champignons hinzugeben und servieren.
Dazu passt Reis.

KARTOFFEL-CHILI-SUPPE
MIT THUNFISCH

Land trifft hier auf Meer. Die cremig pikante Kartoffelcremesuppe wird mit in Zitronensaft mariniertem Thunfisch getoppt. Versuchen Sie auch mal Nordseekrabben, sie eignen sich auch prima für dieses Rezept.

4 PERSONEN

500 ml Gemüsebrühe

750 g mehlige Kartoffeln, geschält und klein geschnitten

2 Dosen Thunfisch in eigenem Saft (à 150 g Abtropfgewicht)

frisch gemahlener Pfeffer

2–3 EL Zitronensaft

2 Zitronenscheiben, unbehandelt, geviertelt

1 getr. Chilischote (ersatzweise Chilipulver)

500 ml Milch

100 ml Sahne

Salz

Sambal Oelek

Gemüsebrühe aufkochen und die Kartoffeln darin 15 Minuten weichkochen. Thunfisch abtropfen lassen und in einer kleinen Schüssel mit Pfeffer und Zitronensaft würzen, mit Zitronenstücken garnieren. Chilischote entkernen und fein hacken. Kartoffeln in der Brühe mit dem Stabmixer pürieren, dabei die Milch hinzugießen. Sahne kurz untermixen. Chili in die Suppe geben. Alles noch mal unter Rühren aufkochen lassen. Kartoffel-Chili-Suppe mit Salz, Pfeffer und Sambal Oelek abschmecken. Suppe in tiefe Teller füllen und den marinierten Thunfisch jeweils in die Tellermitte geben.

NIZZA SALAT

Der Mix macht's. Der Salade Niçoise kommt hier als Hauptspeise. Knackig, frisch, saftig, lecker. Et voilà!

4 PERSONEN

2 mittelgroße Kartoffeln, gekocht, gewürfelt oder in Spalten

1 Handvoll grüne Bohnen, bissfest gekocht, halbiert

3 hartgekochte Eier, geachtelt

Sardellenfilets, geviertelt

1 Romanasalatherz, gewaschen

2 Dosen Thunfisch im eigenen Saft, abgetropft und grob zerkleinert

3 Tomaten, geachtelt

1 rote Zwiebel, in Ringe geschnitten

½ Salatgurke, geschält, gewürfelt oder in Scheiben geschnitten

20 schwarze Oliven ohne Stein

½ Bund Petersilie, grob gehackt

½ Bund Basilikum, zerzupft

DRESSING:

4 EL Olivenöl

2 EL Weißweinessig

1 Knoblauchzehe, gepresst

1 TL mittelscharfer Senf

Salz/Pfeffer

Alle Zutaten auf einer Platte anrichten.

Olivenöl, Weißweinessig, Knoblauch, Senf, Salz und Pfeffer zu einem Dressing verrühren und über den Salat geben.

Fernsehabend

Fernsehabend

Was gibt es Schöneres, als mit guten Freunden und der Familie bei einem gemütlichen Fernsehabend zusammenzusitzen und beim Fußball mitzufiebern, beim ESC Wetten abzuschließen oder beim Boxen gemeinsam zusammenzuzucken.
Jeder Serienmarathon wird erst perfekt mit leckeren Snacks und Fingerfood. So wird „Glotzen" bei uns zum kulinarischen Happening.

PIZZADILLAS

Keine Lust auf den Hefeteig zu warten? Diese Liaison zwischen Pizza und Quesadilla ist die schnelle Lösung. Weizentortillas in die Pfanne, belegen, zuklappen, wenden und fertig.

4 PERSONEN

4 Wraps

8 EL Tomatensauce oder passierte Tomaten

250 g geriebener Käse

80 g Salami, gekochter Schinken oder Thunfisch

80 g Gemüse nach Belieben (Champignons, Paprika, Mais oder Zucchini) gewürfelt

1 TL Oregano

Salz/Pfeffer

Je eine Seite der Wraps mit der Tomatensauce bestreichen. Jeweils einen Wrap mit der unbestrichenen Seite nach unten in eine beschichtete Pfanne geben. Eine halbe Seite des Wraps mit einem Viertel der Zutaten gleichmäßig bestreuen und bei mittlerer Hitze braten, bis der Käse anfängt zu schmelzen, dann die unbelegte Seite über die belegte klappen und in der Pfanne wenden.
Nach 2 Minuten servieren.

BROTCHIPS

Verwerten Sie Ihr Baguette von gestern zu diesen knusprigen Brotchips. Sie werden süchtig!

1 altbackenes Baguette

30 ml Olivenöl

Salz

Backofen auf 170 °C vorheizen.
Baguette mit einem scharfen Messer in 2mm dünne Scheiben schneiden. Anschließend auf einem mit Backpapier belegten Backblech verteilen und mit Olivenöl bepinseln. Die Chips ca. 10 Minuten auf mittlerer Schiene hellbraun backen.
Noch warm mit Salz bestreuen.

DATTEL-CHILI-DIP

Eine wahre Geschmacksexplosion ist diese Kombination aus süß und scharf. Auf Brotchips genauso lecker wie mit Gemüsesticks.

½ Bund Frühlingszwiebeln

1 rote Chilischote

100 g Datteln

200 g Frischkäse

200 g Schmand

1 Prise Salz

Frühlingszwiebeln putzen, Chili und Datteln entkernen, zusammen in eine Küchenmaschine geben und zerkleinern. Danach Frischkäse und Schmand unter die Masse rühren. Mit Salz abschmecken.

Zahtar ist eine Gewürzmischung aus dem arabischen Raum. Es besteht hauptsächlich aus Thymian, Sumach, geröstetem Sesam und Salz und wird traditionell mit Olivenöl vermischt und vor dem Backen auf Fadenbrot gestrichen oder auf Dips geträufelt.

SÜSSKARTOFFEL-HUMMUS

Hummus aus Kichererbsen kennen Sie bereits. Hier wird der Klassiker neu aufgelegt. Wunderschön in Farbe und Aroma, schmackhaft und süß.

2 große Süßkartoffeln

4–8 EL Olivenöl

Salz/Pfeffer

5–7 EL Wasser

2–3 EL Zitronensaft

3 EL Sesampaste (Tahina)

1 EL Zahtar

Backofen auf 200 °C vorheizen. Backblech mit Backpapier auslegen.
Süßkartoffeln schälen und in Scheiben schneiden. Mit 4 EL Olivenöl vermengen, mit Salz und Pfeffer würzen und 20–30 Minuten backen.
Anschließend in einer Küchenmaschine oder mit einem Stabmixer mit 5–7 EL Wasser, Zitronensaft und Tahina zu einer sämigen Paste verarbeiten. Nach Bedarf mehr Wasser, Zitronensaft, Tahina und eventuell Öl hinzufügen.
Die Mischung in eine Schüssel geben, mit Zahtar und einem Spritzer Olivenöl beträufeln.

BABA GHANOUSH
AUBERGINENMUS

Ein Traumdip aus butterweich gebackenem Auberginenfleisch, Knoblauch und Sesampaste (Tahina) ist mit geröstetem Fladenbrot auch eine wunderbare Vorspeise.

2 Auberginen

3 EL Sesampaste (Tahina)

3 EL Zitronensaft

2 EL Olivenöl

2 Knoblauchzehen, gepresst

Salz/Pfeffer

½ Bund glatte Petersilie

Backofen auf 220 °C vorheizen. Auberginen waschen, mit einem Messer ein paar Mal einstechen und auf ein mit Backpapier belegtes Backblech setzen. So lange backen, bis sie ganz weich sind und die Haut fast schwarz ist. Das dauert ca. 30 Minuten. Anschließend abkühlen lassen. Die noch lauwarmen Auberginen halbieren und das Fruchtfleisch mit einem Löffel aus der Schale kratzen. Zusammen mit der Sesampaste, Zitronensaft und Olivenöl im Mixer oder mit dem Stabmixer fein pürieren. Knoblauch, mit Salz und Pfeffer abschmecken. Petersilienblätter abzupfen, fein hacken und kurz vor dem Servieren auf das Püree streuen.

FILETSCHNITZEL

Goldbraun und kross soll es sein, innen zart und saftig und nach Butter duftend. Aus manchen Kindheitsvorlieben wächst man nicht heraus. Schnitzel aus Filet – ein Traum, vernascht mit einem Happs.

4 PERSONEN

400 g Schweinefilet

Salz/Pfeffer

2 Eier

1 EL geschlagene Sahne

Mehl

Paniermehl

ca. 5 EL Sonnenblumenöl

2 EL Butter

1 Zitrone, unbehandelt, in Spalten geschnitten

Filet in dünne Scheiben schneiden und diese auf beiden Seiten leicht salzen und pfeffern. Eier in einer Schüssel aufschlagen und zusammen mit der Sahne mit einer Gabel verschlagen. Die Schnitzel in Mehl wenden, leicht andrücken, durchs Ei ziehen und im Paniermehl wenden.
Öl und Butter in einer Pfanne erhitzen und die Schnitzel darin goldgelb backen.

TIPP:
Die Schnitzel sofort nach dem Panieren in die Pfanne geben. Es muss so viel Fett in der Pfanne sein, dass die Schnitzel schwimmen. Während des Bratens die Pfanne leicht schwenken, dann hebt sich die Panade vom Fleisch ab und bekommt Wellen.

CROQUE MONSIEUR

In französischen Cafés tauchten die krossen Croques zum ersten Mal am Anfang des 20. Jahrhunderts auf und sind bis heute beliebt zu jeder Tageszeit. Bei uns gibt es sie sehr gerne passend zu einem schönen französischen Film. Dieser Herr wird mit gekochtem Schinken und Gruyere gefüllt.

4 PERSONEN

80 g Butter

2 EL Mehl

360 ml Milch

Salz/Pfeffer

Muskat

400 g würziger Käse (vorzugsweise Gruyere)

8 Scheiben gekochter Schinken

12 Sandwichscheiben oder Brioche

Backofen auf 200 °C vorheizen.
In einem kleinen Topf aus 2 EL Butter und dem Mehl eine Béchamelsauce anrühren, nach ca. 2 Minuten die Milch nach und nach dazugeben und glattrühren. Mit Salz, Pfeffer und Muskat abschmecken. Danach ca. 60 g Käse darin schmelzen lassen.
Die Sandwichscheiben in der übrigen Butter anbraten. Acht davon mit jeweils einer Scheibe Schinken belegen, mit der Béchamelsauce bestreichen und jeweils zwei Scheiben aufeinander legen. Mit einer unbelegten Sandwichscheibe abschließen. Mit dem Rest der Béchamelsauce bestreichen und dem verbliebenen Käse bestreuen. Die vier Croques unter dem Grill überbacken.

TIPP:
Wem das nicht genug ist, kann mit einem Spiegelei aus dem Croque Monsieur einen Croque Madame machen.

AMERIKANISCHER KRAUTSALAT
COLE SLAW

Krautsalat gibt es fast auf der ganzen Welt. Jede Region hat ihre eigene Version. Probieren Sie doch mal die amerikanische Variante als perfekte Beilage zu Burger, Steaks und Co. Es lohnt sich.

500 g Weißkohl, geraspelt

1 gr. Möhre, geraspelt

4 EL Mayonnaise

3 EL Schmand

2–3 EL Essig

1 TL Senf, mittelscharf

½ TL Selleriesamen

1 TL Zucker

Salz/Pfeffer

Weißkohl- und Möhrenraspel zusammen in eine große Schüssel geben. In einer zweiten Schüssel Mayonnaise, Schmand, Essig, Senf, Selleriesamen, Zucker, Salz und Pfeffer verrühren. Die Sauce zu den Raspeln geben und gut durchrühren. Abdecken und 1 Stunde im Kühlschrank ziehen lassen. Vor dem Servieren nochmals abschmecken.

Buletten, Fleischbällchen, -pflanzerl, -küchle oder Frikadellen? Der Name ist Nebensache, jeder isst sie gerne. Als Snack für einen gelungenen Fernsehabend unsere drei Favoriten:

FRIKADELLEN ASIA STYLE

500 g Rinderhack

1 mittelgroße Zwiebel, fein gehackt

30 g Paniermehl

2 Knoblauchzehen, gepresst

1 Ei

3 TL gemahlener Ingwer

1 gestr. TL Salz

frisch gemahlener Pfeffer

SAUCE:

150 g Aprikosenkonfitüre

1 EL Sojasauce

2 TL Chilisauce

Backofen auf 200 °C vorheizen.
Alle Zutaten für die Frikadellen in einer großen Schüssel sorgfältig vermengen. Aus dem Teig ca. 4 cm große Bällchen formen und auf ein mit Backpapier belegtes Backblech geben. Im Ofen 20–25 Minuten schön braun backen. In der Zwischenzeit alle Zutaten für die Sauce miteinander verrühren. Die Frikadellen mit der Sauce überziehen.

FRIKADELLEN MIT KRÄUTERÖL

500 g Rinderhack

1 mittelgroße Zwiebel, fein gehackt

30 g Paniermehl

2 Knoblauchzehen, gepresst

1 Ei

1 gestr. TL Salz

frisch gemahlener Pfeffer

SAUCE:

1 Bund Petersilie, gehackt

1 EL Oregano, gehackt

120 ml Olivenöl

60 ml Weißweinessig

1 frische rote Chilischote, in feine Ringe geschnitten (hilfsweise ¼ TL getrocknete Chiliflocken)

1 EL Zitronensaft

½ TL Salz

½ TL frisch gemahlener Pfeffer

Backofen auf 200 °C vorheizen.
Alle Zutaten für die Frikadellen in einer großen Schüssel sorgfältig vermengen. Aus dem Teig ca. 4 cm große Bällchen formen und auf ein mit Backpapier belegtes Backblech geben. Im Ofen 20–25 Minuten schön braun backen.
In der Zwischenzeit alle Zutaten für die Sauce miteinander verrühren.
Die Frikadellen mit der Sauce überziehen.

FRIKADELLEN BARBECUE STYLE

500 g Rinderhack

1 mittelgroße Zwiebel, fein gehackt

30 g Paniermehl

2 Knoblauchzehen, gepresst

1 Ei

1 EL Worchestershiresauce

¼ TL Thymian

⅛ TL Rosmarin

1 gestr. TL Salz

frisch gemahlener Pfeffer

SAUCE:

6 EL Honig

8 EL Tomatenketchup

2 EL Zitronensaft

2 EL Worchestershiresauce

2 EL Sonnenblumenöl

1 TL Curry

1 TL Paprika, edelsüß

½ TL Cayennepfeffer

½ TL Zwiebelpulver

1 EL Gartenkräuter, getrocknet oder TK

Backofen auf 200 °C vorheizen.
Alle Zutaten für die Frikadellen in einer großen Schüssel sorgfältig vermengen. Aus dem Teig ca. 4 cm große Bällchen formen und auf ein mit Backpapier belegtes Backblech geben. Im Ofen 20–25 Minuten schön braun backen.
In der Zwischenzeit alle Zutaten für die Sauce miteinander verrühren. Die Frikadellen mit der Sauce überziehen.

PIZZABRÖTCHEN

Es muss nicht immer eine ganze Pizza sein. Als perfekter Partysnack reichen Pizzabrötchen oft aus, um die unbändige Pizzalust zu stillen. Der Belag lässt sich wunderbar vorbereiten und sogar einfrieren, sollte etwas übrigbleiben.

150 g gekochter Schinken

150 g Salami

1 rote Paprikaschote

200 g geraspelter Käse

150 ml Sahne

1 TL Oregano oder Pizzagewürz

Salz/Pfeffer

6–8 Aufbackbrötchen

Schinken, Salami und Paprika fein würfeln und mit den restlichen Zutaten vermengen. Mit Salz, Pfeffer und Oregano abschmecken. Die Masse auf den Brötchenhälften verteilen und auf ein Backblech legen. Im vorgeheizten Backofen bei 200 °C ca. 10 Minuten backen.

SCHAFSKÄSE-KORIANDER-ERBSEN-TARTE

Bonjour! Ein sommerlicher Snack zwischendurch oder auch als Vorspeise. Fluffiger Blätterteig gefüllt mit pikanter Schafskäsecreme. Très savoureux!

4 PERSONEN

250 g Blätterteig

etwas Mehl zum Ausrollen

100 g Parmesan

1 grüne Chilischote, Jalapeños

1 Bund Koriander

300 g weicher Schafskäse

150 g Schmand

2 Eier

200 g TK-Erbsen oder frisch gepalte Erbsen

Salz/Pfeffer

Backofen auf 180 °C vorheizen.

Eine 26-cm-Springform mit Backpapier auslegen. Blätterteig auf etwas Mehl ausrollen, die Form damit auslegen und dabei einen schönen hohen Rand bilden. Teigboden mit einer Gabel mehrmals einstechen. Parmesan raspeln, Chilischote entkernen und in kleine Stücke schneiden, Koriander hacken. Schafskäse mit dem Schmand, Eiern, Koriander, Parmesan und Chili verrühren, mit Salz und Pfeffer abschmecken. Erbsen dazugeben. Alles auf den Teig geben, glattstreichen und im Backofen auf mittlerer Schiene ca. 35 Minuten backen.

TIPP

Erbsen palen: Erbsen in der Schote zu kaufen lohnt sich wirklich. Frisch aus der Schale gepalt schmecken sie am besten. Es gilt: 500 g Erbsen mit Schale ergeben aus der Schale geholt 200–250 g. Schon roh ein Schmaus.

SCHNITTCHEN

Schmackhaft belegte Schnittchen dürfen bei einem Fernsehabend nicht fehlen. Das dänische Smørrebrød, mit meist fantasievollem Belag, diente uns als Inspiration für unsere pikanten Variationen.

KRABBENCOCKTAIL

250 g Delikatess-Mayonnaise

100 g Crème Fraîche

3–4 EL Ketchup

1 Schuss Cognac

1 Prise Chilipulver

Salz/Pfeffer

400 g Tiefseekrabben

Alle Zutaten für die Sauce miteinander verrühren und mit den Gewürzen abschmecken.
Krabben unterheben und gut durchziehen lassen. Eventuell noch einmal nachsalzen.

FRISCHKÄSECREME MIT PAPRIKA

1 geröstete Paprikaschote aus dem Glas

200 g Frischkäse, Doppelrahmstufe

2 EL süße Chilisauce

½ TL Paprikapulver, edelsüß

Salz/Pfeffer

Paprikaschote gut trockentupfen und in ein hohes Gefäß geben. Frischkäse, Chilisauce und Gewürze dazugeben und mit dem Stabmixer pürieren. Mit Salz und Pfeffer abschmecken.

CURRY-FLUSSKREBSSALAT MIT MANGO

400 g Flusskrebsfleisch

1 reife Mango, gewürfelt

1 Orange, filetiert

100 g Staudensellerie, gewürfelt

1 cm Ingwer, gerieben

Saft und etwas Abrieb von 1 Limette, unbehandelt

250 g Delikatess-Mayonnaise

50 g Magerquark

1 TL Honig

1 geh. TL Curry

Salz/Pfeffer

Flusskrebse in ein Mulltuch geben und gut abtupfen. Mangowürfel, Orangenfilets und Staudensellerie vermischen. Ingwer, Limettensaft und –abrieb dazugeben und die Flusskrebse unterheben. Alles gut durchziehen lassen. Mayonnaise mit Quark, Honig und Curry glattrühren und mit Salz und Pfeffer abschmecken. Mayonnaise vorsichtig unter die Flusskrebse heben.

GEFLÜGELSALAT

600 g Hühnerbrust

Salz

1 rote Zwiebel

100 g Magerquark

300 g Delikatess-Mayonnaise

1 TL mittelscharfer Senf

⅛ TL Cayennepfeffer

Salz/Pfeffer

½ Apfel, gestiftelt

1 Stange Staudensellerie, in Scheiben geschnitten

ca. 20 blaue und grüne Weintrauben, halbiert

6 Walnusshälften, grob gehackt

Hühnerbrust in kaltem Salzwasser aufsetzen und ca. 15 Minuten gar kochen. Anschließend aus der Brühe nehmen, abkühlen lassen und in kleine Stücke schneiden. Zwiebel pellen und fein würfeln. Quark, Mayonnaise, Senf und Cayennepfeffer in einer Schüssel verrühren und mit Salz abschmecken. Hühnerfleisch vorsichtig unterheben. Salat gut durchziehen lassen. Eventuell noch einmal nachsalzen. Apfel, Sellerie, Weintrauben und Nüsse erst kurz vor dem Servieren unterheben.

TAFELSPITZSALAT

400g Tafelspitz

1 Möhre, geschält und in Stücke geschnitten

1 Stange Staudensellerie, in Stücke geschnitten

1 kleine Stange Porree, in Ringe geschnitten

½ Bund Petersilie, grob gehackt

1 TL Salz

100 g Mayonnaise

1 EL Magerquark

1–2 TL geriebener Meerrettich

2 EL geriebener Apfel

Salz/Pfeffer

Tafelspitz mit dem Gemüse, der Petersilie und Salz in einem Liter Wasser zum Kochen bringen und eine Stunde bei kleiner Temperatur weich köcheln lassen.
Fleisch aus dem Sud nehmen und abkühlen lassen.
Mayonnaise, Quark, Meerrettich und Apfelmus verrühren und mit Salz und Pfeffer abschmecken.
Fleisch in dünne Scheiben schneiden und vorsichtig unter die Mayonnaise heben.

TIPP
Der übriggebliebene Sud eignet sich prima als Grundlage für eine spätere Rindersuppe.

ROTER HERINGSSALAT

400 g Bismarkheringsfilets

250 g Rote Bete, vorgegart

2 Schalotten

2 TL grüne Pfefferkörner (aus dem Glas)

50 g geriebener Meerrettich

2 EL Dill, gehackt

5 EL Mayonnaise

3 EL griechischer Joghurt (10% Fett)

Salz/Pfeffer

Heringe trockentupfen und in 1 cm große Stücke schneiden. Rote Bete klein würfeln. Schalotten pellen und in feine Würfel schneiden. Pfeffer abtropfen lassen und leicht zerdrücken.
Alle Zutaten mit der Mayonnaise und dem Joghurt verrühren. Mit Salz und Pfeffer abschmecken.
Im Kühlschrank gut durchziehen lassen.

FLAMMKUCHENSCHNECKEN

Blitzschnell sind diese herzhaften Schneckchen gemacht. Da verpasst man keine Schlüsselszene. Ein Hit bei Jung und Alt.

4 PERSONEN

1 Bund Frühlingszwiebeln

150 g geräucherter Schinken

200 g Frischkäse

1–3 EL Sahne

100 g Käse, geraspelt

Salz/Pfeffer

250 g frischer Blätterteig

Backofen auf 200 °C vorheizen.
Frühlingszwiebeln putzen und in kleine Ringe schneiden. Schinken fein würfeln und mit dem Frischkäse und der Sahne glattrühren. Mit den restlichen Zutaten vermengen und mit Salz und Pfeffer abschmecken. Die Masse großzügig auf dem ausgerollten Blätterteig verteilen. Den Teig von der längeren Seite aufrollen und in 2 cm dicke Scheiben schneiden. Anschließend auf ein mit Backpapier belegtes Backblech legen. Ca. 10 Minuten auf der mittleren Schiene backen. Die Schnecken werden auch gerne heiß oder kalt zum Brunch serviert.

SCHNITZEL IM SCHINKENMANTEL

Katenschinken, Rosmarin und Parmesan gehen hier eine genussvolle Beziehung ein. In Streifen geschnitten sind die Schnitzel auch tolles Fingerfood.

4 PERSONEN

1 Zweig Rosmarin

3 EL Olivenöl

100 g frisch geriebener Parmesan

8 dünne Schnitzel

8 dünne Scheiben Katenschinken

Salz/Pfeffer

Rosmarinnadeln abstreifen, klein hacken und in 3 EL Olivenöl anschwitzen. Abkühlen lassen und mit dem Parmesan vermengen. Schnitzel salzen und pfeffern und die Käsemischung darauf verteilen. Schinkenscheiben von der langen Seite aus um die Schnitzel wickeln. Öl in einer beschichteten Pfanne erhitzen und die Schnitzel darin braten.

HERZHAFTE WAFFELN

Knusprig warme Goldstücke! Köstlich gefüllt mit Schinken, Parmesan und getrockneten Tomaten sind diese Waffeln das perfekte Fingerfood für einen gemütlichen Fernsehabend.

4 PERSONEN

200 g Parmesan

200 g Mehl

2 TL Backpulver

½ TL Salz

200 ml Buttermilch

2 Eier

2 EL italienische Kräutermischung, gehackt

80 g getrocknete Tomaten in Olivenöl, in Streifen geschnitten

10–12 Scheiben geräucherter Schinken, dünn geschnitten

Parmesan grob reiben, in eine große Schüssel geben und mit Mehl, Backpulver und Salz verrühren. Buttermilch und Eier dazugeben und glattrühren. Kräuter und getrocknete Tomaten unterheben. Waffeleisen vorheizen, einfetten und den Teig in Portionen darauf geben, jeweils mit einer Scheibe Schinken belegen und goldbraun backen.

SLOPPY JOES

Ein beliebter Klassiker der amerikanischen Küche. Ein Burger mit Hackfleischfarce und absolutem Suchtfaktor.

4 PERSONEN

1 EL Sonnenblumenöl

500 g Rinderhack

1 Zwiebel, klein gewürfelt

1 Knoblauchzehe, gepresst

ca. 250 g Ketchup

1 EL Weißweinessig oder Gurkenwasser

1 EL Worchestershiresauce

1 EL Senf

1 grüne Paprikaschote, gewürfelt

1 EL brauner Zucker

Salz/Pfeffer

1 Prise Rauchsalz

Cheddar-Käse zum Belegen

Burgerbrötchen od. Toastbrot

Öl in einer Pfanne erhitzen und das Hack darin anbraten. Nach ca. 2 Minuten die Zwiebel dazugeben und alles braten, bis das Fleisch Farbe genommen hat. Knoblauch dazugeben und unterrühren. Alle weiteren Zutaten hinzugeben und auf kleiner Flamme ca. 10 Minuten köcheln lassen.
Masse großzügig auf Brötchenhälften oder Toastscheiben verteilen. Mit Käse belegen und kurz unter den Grill schieben. Mit getoasteten Brötchenhälften oder Toastscheiben abdecken.
Nach Belieben Zwiebeln oder Gewürzgurkenscheiben dazu reichen.

ZUPFBROT

Käseigel war gestern. Das Zupfbrot ist ein perfekter Snack für jede Party. Gefüllt mit Käse und Knoblauch kann einem gelungenen Abend nichts mehr im Wege stehen.

1 rundes Mischbrot

50 g Butter

3 Knoblauchzehen, gepresst

Salz

200 g geriebener Käse

1 EL Jalapeños, aus dem Glas, in kleine Stücke geschnitten

2 EL Schnittlauch, in Röllchen geschnitten

Backofen auf 180 °C vorheizen.

Das Brot mit einem scharfen Messer bis 1 cm vor dem Boden würfelförmig einschneiden.
Butter in einem Topf zerlassen, mit Knoblauch und Salz verrühren und mit einem Teelöffel zwischen die Würfel tröpfeln. Dabei die Zwischenräume mit einem Messer oder den Fingern auseinanderhalten. Den Käse gleichmäßig in den Spalten verteilen. Jalapeños darübergeben.

Im Backofen 10–15 Minuten backen, bis der Käse geschmolzen ist.

Vor dem Servieren mit dem Schnittlauch bestreuen.
Jeder zupft sich dann die Würfel mit den Fingern ab.

Naschkatzen

Naschkatzen

Die süße Krönung kommt zum Schluss. Lassen Sie sich von uns ins sündig-süße Paradies entführen.
Haben Sie Lust auf ein Dessert oder eine Kleinigkeit zur Kaffeestunde? Für jede Seute Snabbelsnuut haben wir hier etwas ganz besonders Köstliches:
Berliner aus dem Backofen, schneller Pfannkuchen vom Blech, Milchreissoufflé, oder köstliche rundum gelungene Rumkugeln. Wer kann schon widerstehen, wenn ein cremiger Käsekuchen oder ein zimtiger Aprikosenknödel lockt?

PFANNKUCHEN VOM BLECH

Leider passt nur ein Pfannkuchen zur gleichen Zeit in eine Pfanne. Und mindestens einer muss immer warten. Bei dieser wunderbaren Alternative können alle gleichzeitig genießen und man spart auch noch Kalorien.

320 ml Milch

4 Eier

160 g Mehl

½ TL Salz

5 EL Sonnenblumenöl

200 g TK-Himbeeren

2 Pck. Vanillezucker

200 g Schmand

1 EL Zucker

2 EL Puderzucker

Backblech auf die mittlere Schiene des Backofens schieben und diesen auf 220 °C vorheizen.
Milch, Eier, Mehl und Salz zu einem glatten Teig verquirlen.
10 Minuten beiseite stellen.
Öl gleichmäßig auf dem heißen Blech verteilen und weitere 2 Minuten im Backofen erhitzen. Backblech herausnehmen und den Teig zügig daraufgeben. Sofort wieder in den Ofen auf die mittlere Schiene schieben und ca. 15 Minuten backen.
In der Zwischenzeit Himbeeren mit Vanillezucker mischen und mit einer Gabel grob zerdrücken. Schmand und Zucker verrühren.
Blech aus dem Ofen nehmen und etwas abkühlen lassen. Mit Puderzucker bestreuen und mit Schmand und Himbeeren servieren.

APRIKOSENKNÖDEL

Eine traditionelle Mehlspeise aus Österreich. Außen mit gerösteten Zimtbröseln überzogen, versteckt sich im Inneren Fruchtiges.
Je nach Saison kann man die Knödel auch mit Zwetschgen oder Beeren füllen.

4 PERSONEN

QUARKTEIG:

250 g Magerquark

1 Ei

50 g weiche Butter

150 g Mehl

etwas Salz

12 Aprikosen, entsteint

BRÖSEL:

Butter

Semmelbrösel

Zucker

Zimt

Die Zutaten für den Teig schnell mit dem Handmixer oder einer Küchenmaschine vermengen. Anschließend daraus eine Rolle formen und im Kühlschrank ca. 30 Minuten durchkühlen lassen.
Die Rolle in 12 gleichgroße Stücke teilen und jeweils eine Aprikose mit dem Teig sorgfältig umschließen. Die Knödel für ca. 10 Minuten in kochendes Salzwasser geben.
Butter in einer Pfanne zerlassen und die Semmelbrösel darin goldbraun rösten. Die Knödel in der Pfanne schwenken, bis sie ganz mit Bröseln bedeckt sind. Mit Zucker und Zimt bestreuen.

MILCHREIS-SOUFFLÉ MIT FRÜCHTEN

Eine richtige Kindheitserinnerung! Schon immer machte uns der süße Reis glücklich. Noch ofenwarm serviert ist er ein fruchtiger Schmaus. Einfach und doch so raffiniert.

500 g TK-Himbeeren (oder andere TK-Früchte nach Belieben)

1 EL Butter

500 ml Vollmilch

1 Pck. Vanillezucker

120 g Milchreis

120 g Zucker

2 EL Sirup nach Geschmack (Karamell, Ahorn oder auch Honig)

1 TL Zimt

2 TL Speisestärke

1 EL Wasser

3 Eier

1 Prise Salz

1 EL Puderzucker

Früchte auftauen und den Saft auffangen. Auflaufform mit Butter einfetten.

Milch aufkochen und Vanillezucker und Reis hinzufügen. Reis bei mittlerer Hitze 20 Minuten quellen lassen, dabei regelmäßig umrühren, Reis setzt leicht an. Topf von der Flamme nehmen und abkühlen lassen.

In einem weiteren Topf 50 g Zucker mit Sirup erhitzen und karamellisieren lassen. Obstsaft und Zimt hinzugeben. Speisestärke mit einem EL Wasser glattrühren und den Saft damit binden. Früchte untermischen und auf dem Boden der Auflaufform verteilen.

Backofen auf 220 °C vorheizen. Eier trennen. Eigelb mit 3 EL Zucker schaumig rühren und den Reis unterheben.

Eiweiß sehr steifschlagen, dabei das Salz und den übrigen Zucker nach und nach dazugeben. Den Eischnee vorsichtig unter den Reis heben. Reismasse auf den Früchten verteilen. Im Backofen ca. 25 Minuten backen. Mit Puderzucker bestreuen.

MANDELHÖRNCHEN

Wie vom Bäcker gebacken. Das Marzipangebäck gelingt ganz einfach auch zuhause.

200 g Marzipan-Rohmasse

100 g gemahlene Mandeln

80 g Puderzucker

2 TL Zitronensaft

3 Tropfen Bittermandelaroma

2 Eiweiß

100 g gehobelte Mandelblättchen

100 g Zartbitterkuvertüre

Backofen auf 175 °C vorheizen.
Marzipan, gemahlene Mandeln, Puderzucker, Zitronensaft, Bittermandelaroma und ein Eiweiß verkneten. Aus dem Teig Hörnchen formen, mit dem zweiten Eiweiß bestreichen und großzügig mit den gehobelten Mandeln bestreuen. Hörnchen auf ein mit Backpapier belegtes Backblech setzen und ca. 10–15 Minuten backen.
Kuvertüre im Wasserbad schmelzen lassen. Die Hörnchen nach dem Auskühlen mit den Enden in die Kuvertüre tauchen.

CHEESE CAKE

Unvergleichlich cremig. New York lässt schön grüßen. Der cremige Amerikaner wird durch einen dünnen Boden aus Keksen sowie einer schönen Schicht Heidelbeeren aufgerüscht.

100 g Butter

200 g Butterkekse (oder Kekse nach Belieben)

1 Prise Salz

200 g Zucker

3 EL Speisestärke

600 g Frischkäse

200 g Magerquark

1 Ei

150 ml Sahne

2 EL Zitronensaft

500 g Heidelbeeren

250 g Schmand

2 EL Zucker

1 EL Vanillezucker

1 EL Zitronensaft

Butter in einem kleinen Topf zerlassen. Butterkekse zerbröseln, mit flüssiger Butter und Salz vermischen und auf dem Boden einer 26-cm-Springform festdrücken. Im vorgeheizten Backofen bei 180 °C ca. 10 Minuten backen.

Zucker mit Speisestärke, Frischkäse und dem Magerquark sorgfältig verrühren. Ei, Sahne und Zitronensaft dazugeben und alles vorsichtig mit einem Schneebesen glattrühren. Die Hälfte der Creme auf den Keksboden streichen und die Heidelbeeren darauf verteilen. Die zweite Hälfte der Creme daraufgeben und weitere ca. 45 Minuten backen. Wenn der Rand leicht gebräunt ist, den Kuchen aus dem Ofen nehmen.

Schmand, Zucker, Vanillezucker und Zitronensaft miteinander verrühren. Den Guss auf den Kuchen streichen und weitere 5 Minuten backen.

ZERDRUCKTE PAVLOVA
MIT LEMON CURD UND FRÜCHTEN

Die russische Prima Ballerina Anna Pavlova gab der Baisertorte ihren Namen. Die Textur einer Pavlova ist ein Traum. Außen knusprig und innen soft. Gekrönt mit frischen Beeren und fruchtigem Lemon Curd – ein Dessert de Luxe.

BAISER:

6 Eiweiß

150 g Puderzucker

1 geh. TL Kakaopulver

Backofen auf 150 °C vorheizen.
Backblech mit Backpapier auslegen.
Eiweiß auf mittlerer Stufe schlagen, bis sich steife Spitzen bilden. Den Puderzucker nach und nach dazugeben und auf höchster Stufe schlagen, bis das Eiweiß glänzt und steif ist. Dann das Kakaopulver vorsichtig unterheben.
Eischnee in einer 4 cm dicken Schicht auf das vorbereitete Backblech streichen. Die Form spielt dabei keine Rolle. 1 Stunde backen, dabei die Backofentür nicht öffnen. Das Baiser sollte außen schön knusprig und innen noch etwas weich sein. Etwa 20 Minuten auf dem Backblech abkühlen lassen.

LEMON CURD:

6 Zitronen, unbehandelt

150 g Butter

500 g Zucker

6 Eier

Von zwei Zitronen die Schale abreiben. Alle sechs Zitronen auspressen und 300 ml Saft abmessen. Butter im Topf zerlassen. Zitronensaft, -abrieb und Zucker dazugeben und verrühren. Eier verquirlen und durch ein Sieb in den Topf geben. Alles bei mittlerer Hitze mit einem Schneebesen rühren, bis es zu einer Creme andickt, sie darf nicht kochen. Sofort in heiß ausgespülte kleine Konfitüregläser füllen.

CREME:

200 ml Sahne

1 Pck. Vanillezucker

Sahne mit dem Vanillezucker steif schlagen.

Die Baiser in ca. 5 cm Stücke zerbrechen und auf einer Kuchenplatte verteilen. Die geschlagene Sahne darübergeben und mit Lemon Curd beträufeln. Mit Früchten nach Belieben garnieren.

Früchte nach Belieben

TIPP:
Im Kühlschrank aufbewahrt hält sich Lemon Curd ca. 2 Wochen.

OFENBERLINER

Man kann sie klassisch mit Konfitüre aber auch mit Pudding oder Nusscreme füllen. Aus dem Ofen sind sie weniger fettig und die Küche bleibt sauber.

½ Würfel frische Hefe

150 ml lauwarme Milch

50 g Zucker

300 g Mehl

1 TL Vanillezucker

1 Prise Salz

50 g Butter

2 Eigelb

Konfitüre für die Füllung

flüssige Butter zum Bestreichen

Puderzucker zum Bestreuen

Hefe in einer großen Schüssel in der Milch auflösen und den Zucker einrühren. Mehl, Vanillezucker, Salz, Butter und Eigelb dazugeben und zu einem Hefeteig verkneten. Abgedeckt für 1 Stunde an einem warmen Ort gehen lassen. Den Teig in 10 Stücke teilen und jedes Teigstück zu einer Kugel formen. Anschließend auf ein mit Backpapier belegtes Backblech legen und weitere 30 Minuten gehen lassen. Danach im vorgeheizten Backofen bei 180 °C auf mittlerer Schiene ca. 15 Minuten backen. Die noch warmen Berliner mit einer Spritztülle oder großen Spritze mit Konfitüre füllen und mit der flüssigen Butter bepinseln. Mit Puderzucker bestreuen.

PASTEIS DE NATA
PUDDINGTEILCHEN

Dieser Traum aus knusprigem Blätterteig und feinem Pudding kommt ursprünglich aus Portugal.

180 g Zucker

30 g Mehl

8 Eigelb

500 ml Sahne

1 Prise Salz

Abrieb von 1 Zitrone

500 g Blätterteig (TK oder Kühlregal)

Zimt zum Bestäuben

Zucker, Mehl, Eigelb, Sahne, Salz und Zitronenabrieb mit dem Handrührgerät oder in einer Küchenmaschine verrühren. Masse in einen Topf geben, kurz aufkochen lassen und dabei ständig weiter rühren. Die Creme in eine Schüssel geben und lauwarm auskühlen lassen. In regelmäßigen Abständen umrühren, damit sich keine Haut bildet. Blätterteig ausrollen und ca. 11 cm große Kreise ausschneiden, die so groß sind, dass sie in 12 Muffinförmchen passen. Die Förmchen mit dem Teig auslegen und andrücken. Backofen auf 250 °C vorheizen. Die Creme bis 1 cm unter den Rand in die Förmchen einfüllen. Im Backofen auf mittlerer Schiene 10–12 Minuten backen. Die Oberfläche sollte karamellisiert und leicht gebräunt sein.
Die Törtchen auf einem Gitter auskühlen lassen und mit Zimt bestreuen.

HOLLÄNDISCHE SCHNITTEN

Knuspriger Blätterteig gefüllt mit Sahne und Kirschen. Eine echte Kindheitserinnerung.

270 g Blätterteig (Rolle)

20 g Puderzucker

20 g Kirschkonfitüre

½ Glas Sauerkirschen

1 EL Speisestärke

20 g Zucker

1 Prise Zimt

400 ml Sahne

1 Pck. Vanillezucker

1 Pck. Sahnesteif

1 cl Kirschwasser

Backofen auf 180 °C vorheizen.
Blätterteig von den kurzen Seiten jeweils ⅓ einschlagen und auf Backblechgröße ausrollen. Auf ein mit Backpapier ausgelegtes Blech legen und mit einer Gabel in regelmäßigen kleinen Abständen einstechen. 30 Minuten ruhen lassen und im Ofen goldgelb backen.
Puderzucker mit etwas Kirschsaft glattrühren. Den Teig längs in drei Streifen schneiden. Einen Streifen mit Kirschkonfitüre dünn bestreichen, anschließend mit Zuckerguss (Puderzucker, Kirschsaft) glasieren.
Etwas Saft der Sauerkirschen mit Speisestärke, Zucker und Zimt aufkochen. Die Kirschen darunter rühren, abkühlen lassen und auf dem zweiten Blätterteigstreifen mittig verteilen.
Sahne mit Vanillezucker und Sahnesteif steifschlagen und mit etwas Kirschwasser abschmecken. Den Kirschstreifen mit einer Hälfte der Sahne füllen. Den dritten Streifen auflegen und mit der restlichen Sahne füllen. Den glasierten Deckel in rechteckige Stücke schneiden und auflegen.
Zum Schneiden der einzelnen Schnitten an eine Seite senkrecht ein Frühstücksbrett gegenstellen und mit einem scharfen Messer von der gegenüberliegenen Seite bis zum Brett durchdrücken.

RUMKUGELN

Aus Kuchenresten gezaubert. Selbstgemacht sind Rumkugeln eine ganz besonders runde Sache. Wer es schafft, einige übrig zu lassen, der kann sie hübsch verpackt auch verschenken.

600 g Kuchenreste

75 ml Wasser

4 EL Rum

70 g Kokosfett

50 g Puderzucker

20 g Kakaopulver

1 Pck. Vanillezucker

Schokoladenstreusel/
Kakaopulver

Die Kuchenreste in einer Rührschüssel zerkrümeln und Wasser, Rum und Rumaroma darübergeben. Gut durchziehen lassen. Das Kokosfett in einem Topf schmelzen und abkühlen lassen. Restliche Zutaten und das abgekühlte Kokosfett zu den Kuchenresten geben und alles gut verrühren. Aus der Masse kleine Kugeln formen und nach Belieben in Schokostreusel oder Kakaopulver wälzen. Im Kühlschrank fest werden lassen.

CAFÉ FRAPPÉ

Es gibt im Sommer keine Gelegenheit zu der ein Frappé nicht passen könnte. Eisgekühlter Espresso getoppt mit Sahne und cremigem Karamell – ein Traum.

4 PERSONEN

400 ml Sahne

4 Tassen kalter Espresso

600 g crushed Ice oder Eiswürfel

200 ml Milch

10 EL Karamellsauce

4 Gläser ca. 20 Minuten ins Eisfach stellen.
Sahne steif schlagen und in einen Spritzbeutel füllen.
Espresso, Eiswürfel, Milch und 6 Esslöffel Karamellsauce in einen Standmixer geben. So lange mixen, bis das Eis vollständig zerkleinert ist und eine dickflüssige Masse entsteht.
Gläser aus dem Eisfach nehmen und bis zum Rand mit dem Kaffee füllen. Sahne auf die Oberfläche spritzen, mit restlicher Karamellsauce beträufeln und sofort servieren.

KARAMELLSAUCE

60 ml Wasser

200 g Zucker

50 g Butter

175 ml Sahne

1 Prise Salz

Wasser und Zucker in einem Edelstahltopf zum Kochen bringen, dabei mit einem Holzlöffel ständig rühren.
Die kochende Zuckermasse auf mittlere Hitze herunterschalten und nicht mehr umrühren. Kochen lassen, bis das Ganze eine goldbraune Farbe hat (ca. 12–15 Minuten).
Topf von der Herdplatte nehmen und die Butter mit dem Holzlöffel unterrühren, bis sie ganz geschmolzen ist. Langsam unter ständigem Rühren Sahne und Salz dazugeben. Auf Raumtemperatur abkühlen lassen. Die Karamellsauce hält sich im Kühlschrank bis zu zwei Wochen.

GEBRANNTE MANDELN

Lust auf Knuspern? Gebrannte Mandeln sind der Hit auf jedem Jahrmarkt und wecken süße Kindheitserinnerungen. Weinen Sie dem fahrenden Volk nicht hinterher. Gebrannte Mandeln sind ganz einfach auch zuhause herzustellen. Variieren Sie je nach Jahreszeit die Gewürze. Es kommen interessante Variationen dabei heraus.

100 ml Wasser

200 g Zucker

1 EL Zimt

2 Pck. Vanillezucker

200 g ungeschälte Mandeln

Wasser mit Zucker, Zimt und Vanillezucker in einer beschichteten Pfanne zum Kochen bringen. Mandeln hinzugeben und weiter bei hoher Temperatur kochen lassen, bis der Zucker getrocknet ist. Dabei ständig rühren, rühren, rühren!
Temperatur auf mittlere Stufe herunterschalten und weiter rühren, bis der Zucker wieder anfängt zu schmelzen und die Mandeln karamellisieren. Die gebrannten Mandeln sofort auf ein mit Backpapier ausgelegtes Blech kippen und mit zwei Gabeln schnell voneinander trennen.

MOUSSE AU CHOCOLAT

Ein wahrer Dessert Star der französischen Küche. Schaumig, schokoladig und unwiderstehlich kommt diese traumhafte Nachspeise nie aus der Mode.

4 PERSONEN

3 Eier

250 ml Sahne

200 g Schokolade mit hohem Kakaoanteil

2 EL heißes Wasser

40 g Zucker

Eier trennen. Eiweiß und Sahne getrennt steif schlagen. Schokolade im Wasserbad schmelzen, danach abkühlen lassen. Eigelb mit heißem Wasser verschlagen, Zucker einrieseln lassen und cremig schlagen. Die noch flüssige Schokolade unterrühren. Sofort die Sahne und den Eischnee mit einem großen Löffel unterheben. Die Mousse im Kühlschrank fest werden lassen.

FLIEDERBEERSUPPE MIT GRIESSKLÖSSCHEN

Ein absolutes Kinderessen? Stimmt. Fliederbeersuppe katapultiert einen in die Kindheit zurück. Ein echtes Superfood sind die kleinen schwarzen Beeren. Reich an Vitamin C, Flavonoid und freien Radikalfängern. Im Winter ein echter Immun-Booster.

500 ml Milch

150 g Hartweizengrieß

3 TL Zucker

1 Pck. Vanillezucker

1 Ei

1 l Fliederbeersaft

125 g Zucker

2 Gewürznelken

1 kl. Stange Zimt

2 EL Speisestärke

4 Birnen

Milch zum Kochen bringen, Grieß, Zucker und Vanillezucker unterrühren. Vom Herd nehmen, dann erst das Ei unterrühren. In einer Schüssel abkühlen lassen.
Fliederbeersaft mit Zucker, Nelken und Zimtstange aufkochen. Speisestärke mit etwas kaltem Wasser verrühren und den Saft damit binden.
Birnen schälen, Kerngehäuse ausstechen und in Spalten schneiden. Nelken und Zimtstange entfernen.
Vom Grieß kleine Klöße abstechen und in die heiße Fliederbeersuppe legen. Birnen dazugeben. Sobald die Klößchen oben schwimmen, kann man die Suppe servieren.

OBSTKUCHEN MIT STREUSEL

Verwöhnen Sie sich und Ihre Lieben mit diesem schmackhaften Streuselkuchen. Gefüllt mit Vanillequark passen hier alle Früchte je nach Saison.

125 g Butter

125 g Zucker

1 TL Vanillezucker

1 Ei

250 g Mehl

1 TL Backpulver

1 Prise Salz

250 g Quark

30 g weiche Butter

60 g Zucker

10 g Vanillezucker

Abrieb von ½ Zitrone, unbehandelt

1 EL Speisestärke

500 g Obst nach Belieben

Butter, Zucker, Vanillezucker und Ei mit dem Handrührgerät schaumig rühren. Mehl, Backpulver und Salz darauf geben, zu einem Teig verkneten, und zu einer Kugel formen. Im Kühlschrank ca.30 Minuten durchkühlen lassen. ⅔ des Teiges in eine 26-cm-Springform verteilen, dabei einen Rand hochziehen.
Quark, Butter, Zucker, Vanillezucker, Zitronenabrieb und Speisestärke verrühren und die Masse auf dem Teig verteilen.
Obst waschen und ggf. schälen und/oder entkernen und in Stücke schneiden. Anschließend auf der Quarkschicht verteilen. Rest des Teiges zu Streusel zerkrümeln und auf das Obst streuen. Kuchen im vorgeheizten Backofen bei 180 °C 60 Minuten backen.

ZWETSCHGENKUCHEN VOM BLECH

Ist der saftig! Von Juli bis Oktober haben Zwetschgen Saison und landen bei uns gerne direkt vom Baum auf dem Backblech. Mit Zwetschgen legt man gerne mal einen Obsttag ein.
Die Mühe mit dem doppelten Teigboden lohnt sich hier wirklich. Mit einem Schlag Sahne ein Sommerklassiker.

1, 5 kg Zwetschgen, entkernt und halbiert

MÜRBETEIG:

150 g Butter

230 g Mehl

60 g Zucker

2 gestr. EL Vanillezucker

5 EL Pflaumenmus

Die Zutaten zügig miteinander verkneten, zu einer Kugel formen und in Klarsichtfolie im Kühlschrank ca. 30 Minuten ruhen lassen. Anschließend auf einem mit Backpapier ausgelegten Backblech ausrollen. Mit einer Gabel mehrfach einstechen und im vorgeheizten Backofen bei 180 °C 10 Minuten vorbacken. Danach abkühlen lassen. Den Boden mit dem Pflaumenmus bestreichen.

RÜHRTEIG:

200 g Butter, Zimmertemperatur

180 g Zucker

2 gestr. EL Vanillezucker

3 Eier

200 g Mehl

2 gestr. TL Backpulver

50 g Gelierzucker

½ TL Zimt

50 g Mandelblättchen

Butter cremig rühren und Zucker und Vanillezucker unterrühren. Eier nach und nach dazugeben. Mehl und Backpulver miteinander vermischen und vorsichtig unter den Teig rühren. Anschließend auf dem Mürbeteig verteilen. Zwetschgenhälften darauf legen und in den Teig drücken. Bei gleicher Temperatur weitere 40 Minuten backen. Gelierzucker und Zimt vermischen und mit den Mandeln über den Kuchen streuen und weitere 10 Minuten backen.

BAUMKUCHEN

Der Baumkuchen ist der König unter den Kuchen. Er erinnert mit seinen vielen Teigschichten an die Jahresringe eines Baumes. Er hat eine lange Tradition, erste Erwähnung findet er im Jahre 1426. Er hält sich lange und ist ganz einfach auch selber herzustellen.

6 Eier

250 g Butter

250 g Zucker

1 Pck. Vanillezucker

3 EL Rum

150 g Mehl

100 g Speisestärke

1 Prise Salz

200 g Kuvertüre nach Belieben

Backofengrill auf 250 °C vorheizen.
4 Eier trennen und die Eiweiße zur Seite stellen. Butter, Zucker und Vanillezucker schaumig schlagen. 2 Eier, 4 Eigelbe und den Rum dazugeben. Mehl und Speisestärke darauf sieben und unter den Teig heben. Die 4 Eiweiße mit Salz sehr steif schlagen und ebenfalls unterheben.
Eine Springform mit Backpapier auslegen. 2 EL Teig gleichmäßig auf dem Boden verteilen und ca. 1,5 Minuten grillen. Danach jeweils 2 Löffel frischen Teig auf dem gegrillten Teig verteilen und 1,5 Minuten grillen. Wiederholen bis der Teig aufgebraucht ist. Danach auskühlen lassen.
Kuvertüre im Wasserbad schmelzen und den Kuchen damit überziehen.

BUTTERKUCHEN

Diese feine Backware ist von keiner norddeutschen Kaffeetafel wegzudenken. Omas saftiger Butterkuchen schmeckt wie vom Bäcker und macht glücklich – wirklich!

TEIG:

500 g Mehl

20 g frische Hefe

1 Ei

60 g Zucker

60 g Butter

1 Prise Salz

250 ml Milch

Fett für das Backblech

Alle Zutaten sorgfältig zu einem geschmeidigen Teig verkneten. Zwei Stunden an einem warmen Ort mit einem Tuch abgedeckt gehen lassen. Anschließend auf einem gefetteten oder mit Backpapier ausgelegten Backblech ausrollen und weitere 30 Minuten gehen lassen.

BELAG:

100 g Mandelblättchen

50 g Puderzucker

50 g Zucker

125 g kalte Butterflocken

200 ml flüssige Sahne

Mit dem Stil eines Kochlöffels regelmäßige Vertiefungen in den Teig drücken. Mandeln, Puderzucker, Zucker und Butterflocken gleichmäßig darauf verteilen. Im vorgeheizten Backofen bei 180–200 °C ca. 20–30 Minuten backen.
Blech aus dem Ofen nehmen und sofort die Sahne auf den Kuchen gießen.

MUFFINS

Die kleinen Küchlein kommen hier in Bestform. Der Grundteig ist ganz simpel. Bei den Variationen sind der Fantasie keine Grenzen gesetzt.

125 g weiche Butter

120 g Zucker

1 Pck. Vanillezucker

2 Eier

200 g Mehl

8 g Backpulver

150 ml Milch

Backofen auf 180°C vorheizen.
Butter und Zucker cremig schlagen. Vanillezucker dazugeben und verrühren. Eier mit der Butter-Zucker-Mischung verrühren. Mehl und Backpulver vermischen und jeweils einen kleinen Teil abwechselnd mit der Milch unter den Teig rühren.
Der Teig kann nach Belieben mit Nüssen, Kakao (entsprechend weniger Mehl), Früchten etc. verfeinert werden.
Teig in die Mulden eines Muffinbleches geben und ca. 20–25 Minuten backen.
Nach dem Auskühlen, mit Zuckerguss, Schokolade oder Puderzucker verzieren.

TIPP:
Der Teig eignet sich auch gut für eine Springform. In dem Fall wäre die Backzeit 5–10 Minuten länger.

ÜBER DIE AUTOREN

MARION KIESEWETTER, Schauspielerin und Moderatorin, in Hamburg geboren, wurde als Köchin durch die TV-Sendungen „Bi uns to Hus“, „Sonntagskonzert“ und Johannes B. Kerners Kochsendung bekannt. Autorin der Koch- und Backbücher „Eine Sünde wert“, „Kann denn Süßes Sünde sein?“, „Nur Süßes im Sinn“, „Süße Augenblicke“, „Süßes für die Seele“, „Auf die süße Tour“, „...aber süß muss es sein!“, „Hier gibt's Süßes“, „Süß und verführerisch“, „Süßes zum Anbeißen“, „Süße Seelentröster“, „Lust auf Frühstück“, „Frühstück auf dem Lande“, „Winterlich Süßes“, „Sahneschnitten“, „Kohl“, „Das isst der Norden“, „Aufgefischt“, „Fürstliche Menüs“ (Schleswig-Holstein – Niedersachsen – Mecklenburg-Vorpommern), „Obst aus norddeutschen Gärten“, „Auf Krabbenfang“, „Salatexpress“ und „Das trinkt man an der Waterkant“.

KATHRIN KIESEWETTER, aufgewachsen im wunderschönen Schleswig-Holstein direkt an der Nordsee, wohnhaft in Hamburg, ist Musikverlegerin und Hobbyköchin. Schon als Teenager backte und kochte sie fast täglich, holte sich Rat von Oma und Mama Marion und wagte sich schon sehr früh an komplizierte Rezepte. Heute entwickelt sie viele davon selbst, und gesunde und moderne Ernährung steht dabei meist im Vordergrund. Mit diesem Buch erfüllte sie sich einen langersehnten Traum und konnte ihr Wissen und Mamas Erfahrung in einen „Topf“ werfen.

RENÉ KÜHL, 1969 in Hamburg geboren. Er entwickelte schon als Kind, durch viele Reisen mit seinen Eltern, die Sensibilität für fremde Länder und ihre Kulturen. Dieses kam ihm später beruflich sehr zugute. Bevor er sich für seinen endgültigen Beruf entschied, probierte er sich in vielen Berufssparten aus. Mit viel Interesse schnupperte er in eine Möbeltischlerei, erprobte sein Talent bei einem Restaurator für alte Möbel, und auch die Gastronomie hatte er sich angeschaut. Aber schnell stand fest, Fotografie und Bildgestaltung sind sein Leben. Diesen wunderbaren Beruf betreibt er nun seit 20 Jahren sehr erfolgreich und mit großer Leidenschaft. Seine Fotos sind wahre Kunstwerke und eine echte Bereicherung.

KAPITEL-REGISTER

ALPHABETISCHES REGISTER